T0207935

YO NO PELEO

TÚ NO PELEAS

Alejandra Stamateas

YO NO PELEO

TÚ NO PELEAS

MEJORA TUS RELACIONES Y VIVE EN ARMONÍA

ORIGEN

Primera edición: octubre de 2020

© 2020, Alejandra Stamateas
© 2024, Penguin Random House Grupo Editorial USA, LLC.
8950 SW 74th Court, Suite 2010
Miami, FL 33156

Diseño de cubierta: Ramón Navarro

www.librosorigen.com

ISBN: 978-1-64473-229-8

Impreso en Estados Unidos — *Printed in USA*

*Dedico este libro a todos los embajadores
y embajadoras de la Paz, quienes sabiamente
la siembran cada día para recoger
como fruto la justicia.*

Índice

Prólogo

(Por Bernardo Stamateas)

¡Qué privilegio y alegría para mí presentar este extraordinario libro! Las discusiones son parte de la vida humana, son la manera que tenemos de expresar nuestras tensiones, nuestras diferencias y nuestros puntos de vista particulares. La discusión provee la capacidad de construir una nueva perspectiva.

Hay personas que transforman toda discusión en una pelea. Para ellos, todo es motivo de agresión y pretenden imponer su punto de vista como el único y verdadero.

En este libro, encontrarás herramientas prácticas, ejercicios y ejemplos para poder construir nuevas perspectivas de las dificultades y las diferencias. Sabemos muy bien que nadie tiene la verdad absoluta, sino que cada uno de nosotros vemos la realidad desde un lugar.

Ser capaces de empatizar, es decir, de colocarnos en los zapatos del otro, es lo que nos permite sumar un nuevo punto de vista. Cuando en una pareja uno le gana al otro, perdió la pareja. Es por ello que este libro te permitirá desarrollar mayor empatía, construir nuevos puntos de vista, aprender a expresarte y a correrte del aspecto bélico de las peleas permanentes.

Hay personas que todo lo corrigen y lo descalifican porque creen que su punto de vista es el único y verdadero. Transformarnos y aprender a discutir es la puerta de entrada al crecimiento.

Celebro este libro. Alejandra lo ha escrito basada en su experiencia de tantos años con miles de personas a lo largo del mundo.

Todos nosotros tenemos un gran potencial y la presente obra será una llave más para abrir esos recursos que todos portamos en nuestro interior.

Bernardo Stamateas

Introducción

Quiero contarte la historia de un hombre llamado David. David fue un rey muy famoso y poderoso en los tiempos bíblicos y tenía un hijo llamado Salomón. Tenía, también, un corazón conforme al corazón de Dios y buscó agradarlo construyéndole un templo. Pero durante su reinado, él llevó a cabo muchas guerras, pues eran muchos sus enemigos en diferentes lugares. Entonces, durante toda su vida y su reinado, fueron tiempos de guerra. Este rey invirtió todos sus recursos —los personales y los del reino, su tiempo, sus pensamientos, sus ideas, su sabiduría, sus estrategias, sus ejércitos con sus generales y todos los años de su reinando—, en pensar en las batallas y en cómo atacar a sus enemigos para obtener la victoria.

Entonces, debido a las guerras, no tuvo tiempo de construir el templo que tanto deseaba. Pero fue su hijo Salomón, que significa "paz" y que fue un hombre de paz (nunca quiso hacer la guerra porque había visto a su padre hacer guerra por todo) quien hizo aquello que su padre no pudo completar. Esto nos enseña que, cuando estamos en paz, podemos construir. No así cuando estamos en guerra, ya que utilizamos todos los recursos internos y externos para la batalla, para pelear y ganarle al otro.

Salomón es un modelo para nosotros de cómo disfrutar una vida pacífica, de cómo construir relaciones y mantenerlas en armonía, de cómo usar nuestros pensamientos para la tranquilidad y mantenernos serenos en medio de los conflictos. Nuestra vida no tiene que ver con que, si yo gano, el otro pierde. Se trata de un ganar-ganar, que solo se logra a través de la paz. Búscala, persíguela, si quieres construir cosas grandes en tu vida. Que allí donde hay guerra, puedas tú traer la concordia. Siempre hay una salida, la paz siempre nos brinda una salida y nos conduce a todos a triunfar.

Capítulo uno

Los otros yo

Constantemente, nos relacionamos unos con otros. Somos seres sociales y, como tales, vivimos en medio de personas. Con algunas de ellas, establecemos una relación empática y el vínculo fluye sin dificultades, pero no siempre es así. Muchas de nuestras relaciones, debido a las características y los rasgos propios de cada persona, son, en algunos casos, muy conflictivas.

Me cuesta relacionarme con la gente

Las relaciones interpersonales suelen estar llenas de problemas que, en ocasiones, pueden llegar a transformarse en verdaderas batallas. Generalmente, esto es producto de la tensión entre dos personas que tienen puntos de vista muy diferentes acerca de un tema. Tal vez, como a mí, alguna vez te dijeron que no sabías criar a tus hijos, y eso te enojó. No estás sola, a nadie le agrada que le reprochen la manera en que actúa en ciertos aspectos de su vida.

Cuando surgen problemas dentro de una relación interpersonal, tendemos a resolverlos de tres maneras básicas:

- Hay quienes **evitan** aquello que les desagrada y se encierran en sí mismas. No manifiestan lo que sienten y, aunque por dentro desean expresarle al otro sus pensamientos, callan por temor a que suceda algo peor.

* Por el contrario, está quien, ante el más mínimo conflicto, **reacciona agresivamente** y expresa lo que siente sin tacto alguno.

* Y por último, hay quienes **reaccionan en forma impredecible:** por momentos estallan y por momentos se refugian en sí mismas. Mientras que un día pueden pasar por alto algún conflicto, al siguiente pueden encenderse con toda su furia por ese mismo inconveniente. Al ser tan impredecibles, nunca se sabe cómo van a reaccionar.

Cuando entablamos una relación, ya sea de pareja, amistad o trabajo, deseamos que funcione. Y es por eso que, cuando surge un conflicto, tendemos a negarlo o minimizarlo. Por ejemplo, conoces a un hombre que tiene adicción al alcohol y te convences de que es un bebedor social. Así, muchas mujeres inician una relación de pareja y, a los pocos meses, descubren que él es violento o que les había mentido. Por empeñarnos en que la relación funcione a pesar de las señales de alarma, muchas veces tendemos a soportar situaciones que luego traen graves consecuencias.

El anhelo de que un vínculo que entablamos funcione lleva a que muchas personas utilicen el engaño. Crean una realidad alternativa en la que no se muestran como son, sino que venden una imagen falsa. Por ejemplo, dicen: "Tuve tanto éxito en este negocio que ahora voy a abrir una cadena", pero en realidad les ha ido mal económicamente y las deudas los asfixian. De esa misma manera, muchos hombres se valen de las redes sociales para seducir a una mujer poniéndose una fachada con la que aparentan ser algo que en realidad no son. Otras personas, por su parte, aparentan buscar una relación de amistad cuando en el fondo lo que buscan es amor. Algunas personas esconden sus sentimientos y fingen buscar un tipo de ralación para tratar de conseguir otra, por eso aparecen situaciones en las que hay una mujer celando a su amigo sin que este pueda entenderlo porque ella no ha sido sincera con él.

El hecho de poner **expectativas muy altas** en una **relación interpersonal** suele desatar **grandes conflictos.** Me refiero a esperar que una pareja sea la proveedora de todo o que una amistad sea indestructible o que una determinada situación económica conduzca al negocio perfecto. Cuando dichas expectativas no se cumplen, es muy probable que sobrevenga la frustración o la sensación de estafa.

Cuando estés pasando por un momento crítico en una relación interpersonal hay tres preguntas que tienes que hacerte:

* *¿Estoy negando algo de esta relación?* Pregúntate: "¿Estoy negando que mis hijos no quieren salir a trabajar y ya son adultos?", "¿Estoy negando la adicción de mi pareja?" o "¿Estoy negando que mi empleada llega tarde siempre porque en realidad no quiere trabajar más en ese empleo?". Ten en cuenta que aquello que estás evadiendo podría estallar en un momento inoportuno si no lo tratas a su debido tiempo.
* *¿Son coherentes mis expectativas respecto a esta relación?* Si al establecer una relación de pareja pretendes que el otro esté las veinticuatro horas del día a tu lado, tu expectativa no es coherente, pues prácticamente estarías anulando la vida de esa persona. Distinto es el caso si él trabaja, hace las actividades que le agradan y luego tú esperas que esté contigo cierta cantidad de horas. Es importante que corrobores que tus expectativas son coherentes y razonables, de lo contrario, surgirán grandes problemas.
* *¿Estoy quitándome poder para otorgárselo al otro?* Cada vez que le entregamos al otro todo el poder, nos quedamos sin

saber cómo enfrentar la vida solas. Si lo hiciste, debes volver a **empoderarte** porque, de lo contrario, es muy probable que vuelvas a cometer el mismo error con el próximo hombre que conozcas.

Relaciones interpersonales sanas

¿Qué tiene que haber en una relación interpersonal para que sea sana? Analicemos algunas características para tener en cuenta:

1. Integridad

Es un ingrediente sumamente necesario para que una relación interpersonal funcione. Por ejemplo, no puedes pretender tener éxito en una sociedad con alguien que obtuvo el capital mediante una estafa, robo o defraudación. O esperar que una relación de pareja sea exitosa si esta se ha basado en la mentira o la traición.

Tus relaciones interpersonales tienen que servirte para aumentar y no para disminuir lo que eres.

Lamentablemente, mucha gente necesita tan desesperadamente un amigo, una pareja o alguien en quien confiar que termina entregándole todo su poder a esa relación. Así, le expresan a la otra persona: "Sin ti no soy nada" o "Cuando hablo contigo siento que vuelvo a vivir". Estarás en desventaja cada vez que entres en una relación pensando que el otro resolverá tus problemas porque esa persona no logrará cumplir tan altas expectativas. No dejes tu vida en manos de otros, porque pueden desviarla y usarte para sus propósitos desleales. Conozco el caso de una mujer que tuvo una relación con un hombre falto de integridad que, a través de manipulación, mostrándole amor y afecto, hizo que firmara unos escritos. Le dijo que esa documentación era muy importante para su progreso y que no perjudicaría su economía. El hecho es que la mujer le creyó. Tiempo después, a causa de esos documentos, fue enjuiciada y sentenciada a prisión, perdiendo no solo su propiedad, sino también su libertad. Es sumamente importante que no dejes tus decisiones en manos de otra persona. Eso no es necesario, porque ya tienes en tu interior sabiduría y, si te unes a alguien, debe ser solo para que ambos crezcan.

2. Deudas

La mejor manera de no tener ataduras con la gente es saldar **todos los tipos de deudas** que existan en tu vida. Cuando contraes una deuda con alguien, eres esclavo del acreedor. Por eso, si tienes un compromiso emocional, afectivo o material, comienza a saldarlo lo antes posible. Si alguna vez heriste a alguien con una palabra, pídele perdón y suéltalo de tu vida. No te quedes atada a nadie porque eso solo te traerá conflictos.

3. Confianza y alegría

Me aseguraron altos ejecutivos de una empresa con los que mantuve una reunión que, además de la integridad y las deudas saldadas, un ingrediente esencial para que una relación interpersonal sea sana es la confianza. "Las mujeres que mejor se desempeñan en la compañía son las más alegres", afirmaron. Cuando una persona está alegre es porque tiene y **transmite confianza**.

No es lo que yo pensaba

Muchos de los problemas que surgen en las relaciones interpersonales se deben a que **idealizamos al otro** y esperamos que responda de acuerdo con nuestros parámetros. Cuando no sucede de esta manera, la relación comienza a deteriorarse. Hay personas que tienen problemas con quienes las aman, con quienes no las aceptan y aun con quienes no las conocen. El hecho es que existen asuntos personales que acarreamos durante años, problemas que no han sido resueltos y nos producen mucha angustia. Esa clase de dificultades solo las podrás resolver contigo misma. No esperes que el otro piense o actúe de la misma manera que tú.

Nuestra **fuente de sabiduría debe ser nuestro interior.** El noticiero, el periódico, las opiniones ajenas, aunque sean bien intencionadas, no deberían ser nuestra guía. En ocasiones pensamos que el otro resolverá nuestros problemas. Tenemos expectativas muy altas pero, finalmente, nos damos cuenta de que nadie puede resolver nuestros conflictos, porque se trata de luchas personales que no hemos resuelto por mucho tiempo y ninguna otra persona, excepto nosotros mismos, puede solucionar. No le podemos pedir al otro que cumpla con nuestras expectativas, que venga, nos resuelva los inconvenientes y nos haga felices. Cada día de tu vida, tómate un tiempo para hacer un ejercicio de introspección y escuchar lo que hay muy dentro de ti, porque allí se hallan todas las respuestas que buscamos para enfrentar el mundo que nos rodea y llevarnos bien con todos. Cada uno de nosotros, con su propia sabiduría interna, tiene que sanar esas heridas antiguas que aún permanecen abiertas. Al comprender esta realidad, bajamos del pedestal a ese ídolo que habíamos construido creyendo que iba a resolver nuestros asuntos.

Mis emociones NO me dominan

Frente a tantas opiniones diferentes que, a diario, están a nuestro alcance, aunque sean válidas, necesitamos apagar el alma y buscar dentro de cada una de nosotras las convicciones firmes que están en nuestro espíritu para que ellas empiecen a manejar cada situación de nuestra vida. A veces, solemos prestarle atención a muchas voces al mismo tiempo tratando de decidir lo mejor o, frente a una discusión que se presenta, queremos escuchar todas la voces del conflicto, olvidando que **lo importante no es quién tiene razón respecto a un problema, sino quién está dispuesto a solucionarlo sabiamente.** Solo cuando apagamos el alma, aparecerán los recursos que allí tenemos a disposición.

Alimenta tu ser interior para que luego este domine a tu alma.

¿Cómo vas a responder ante las situaciones difíciles que vives a menudo: con el alma o con el espíritu? ¿A quién vas a escuchar? ¿A quién le vas a creer? ¿Por qué en lugar de responder con el alma no lo haces con el espíritu? Nunca le contestes al alma con el alma. Nunca grites porque el otro te gritó. Nunca te enojes porque el otro se enojó. Si lo haces, estarás peleando en su mismo terreno.

¿Y cómo sabemos que hemos apagado el alma? Porque nos volvemos dóciles. Ser dócil implica ser enseñable y decir: "Es verdad, esto es lo mejor para mí, es lo que necesito aprender de esta situación. Esta decisión me permite amarme, respetarme y cuidarme". Ser manso significa que toda nuestra fuerza está guiada, dirigida. Cuando nos referimos a docilidad, hablamos de que somos seres con la capacidad de escuchar a los demás y aprender de aquel que sabe más sobre un tema específico. Ser dócil es dejar el orgullo a un lado y ubicarse en el lugar de una persona enseñable.

Para desactivar el alma, solo necesitamos determinarnos a hacerlo. Debemos tomar la decisión de no responderle al otro con lo primero que nos venga a la mente. En vez de eso, tenemos que buscar la respuesta más adecuada en nuestro interior, nuestra verdadera fuente de sabiduría. De esta manera, todas las relaciones interpersonales que mantengamos serán saludables.

Tips **para llevarte bien con todos**
* * *

1. *Aprende a observar con sinceridad las características de las personas* con las que entablas una relación interpersonal. No niegues, minimices ni soportes situaciones que van en contra de tus convicciones. Hacerlo puede traer graves consecuencias para tu vida.

2. *Muéstrate tal como eres,* no utilices el engaño como medio para lograr que una relación funcione.

3. *Asegúrate de tener expectativas razonables* respecto a tus vínculos interpersonales. Cuando son demasiado elevadas, suelen no cumplirse, razón por la cual luego te sentirás frustrada o estafada.

4. *Fortalece la confianza en ti misma,* en la sabiduría que reside en tu interior. No cedas tu poder ni dejes en manos de otros decisiones importantes que solo puedes tomar tú.

5. *En lugar de reaccionar con el alma, permite que tu espíritu tome el control.* Tu sabiduría interior innata no fallará a la hora de decidir lo mejor para tu vida.

6. *Sé dócil, enseñable.* Aprende de cada situación que vivas en tu vínculo con los demás.

Tiempo de reflexión

Separa periódicamente un tiempo para analizar cómo reaccionas con las personas, en general, cuando tu punto de vista difiere del suyo. ¿Te peleas con medio mundo, incluidos tus amigos y familiares, porque reaccionas con el alma constantemente? ¿Te enojas, lloras, te ofendes, discutes por todo para ver quién tiene la razón? Si tu respuesta ha sido *sí*, ¿estás dispuesta a dejar de responder emocionalmente ante cualquier problema que llegue a tu vida? Querida mujer, recuerda que no importa quién tiene razón frente a un problema, sino nuestra reacción frente a este: con el alma o con el espíritu.

Capítulo dos

Cómo me llevo con mi familia

Las situaciones familiares que vivimos, muchas veces, ejercen presión sobre nosotras. No solo nos alejan de nuestros sueños, sino que son como una mochila pesada que cargamos permanentemente. Día tras día, los problemas con un hijo, un hermano, una cuñada, un sobrino, un nieto, nuestra suegra o uno de nuestros afectos más cercanos nos oprimen, nos angustian mentalmente.

Las mujeres solemos tratar de complacer a todo el mundo y, si se trata de un familiar, ¡mucho más! Lo cierto es que a muchas mujeres les agrada ser *la preferida* de la familia. Disfrutamos ser esa persona a la que todos acuden constantemente, la que suple las necesidades y urgencias de la familia; sin embargo, ese servicio que damos desinteresadamente suele terminar convirtiéndose en una carga. ¿Por qué es tan difícil dejar esa carga y decir *no* cuando realmente no tenemos el tiempo suficiente para cumplir con todo y con todos, o simplemente no tenemos ganas de hacerlo?

El hecho es que el afecto que sentimos por ese familiar y las experiencias que hemos vivido juntos nos impiden dar una respuesta negativa ante un pedido de ayuda. Si bien queremos librarnos del peso de esa obligación, también están el amor que sentimos por la persona en cuestión y la responsabilidad que consideramos que tenemos con ella por ser de la familia. Esta es la razón por la cual no nos resulta tan sencillo deshacernos de ese compromiso y continuar con nuestra vida. Muy por el contrario, de tanto rumiar y pensar en el conflicto, sentimos que esa tarea cada vez nos pesa más.

Te invito a responder las tres preguntas que aparecen a continuación. Te ayudarán a librarte de esa situación que está restándote fuerzas:

1. ¿Cuál es la situación relacionada con tu familia que más te pesa?
2. ¿Qué es lo que más te preocupa respecto a esa circunstancia? (Por ejemplo, tu hija tiene problemas matrimoniales, pero, de esa realidad dura, lo que más te preocupa son tus nietos.)
3. ¿Qué es lo que te entristece de esa situación familiar?

¿Pudiste identificar tu mochila ajena? Es importante que lo hagas porque su peso te debilita. Muchas veces las mujeres nos esforzamos por funcionar bien y dejar contentos a todos los que nos rodean. A menudo nos levantamos cansadas porque no dormimos adecuadamente de tanto pensar en una situación familiar. Como resultado de ese esfuerzo, estamos agotadas y de mal humor por cargar sobre las espaldas mochilas pesadas que no nos pertenecen.

¡En esto no coincidimos!

Para evitar discusiones sin sentido, muchas mujeres dejan sus opiniones de lado y, frente a una diferencia de criterios, responden: "Sí, tienes razón. No lo había pensado de esa manera…". Interiormente, saben que el conflicto no merece una pelea, porque su objetivo no es convencer al otro y así ganar la pulseada, sino simplemente no pelear. Y responder de esta manera es, en verdad, una decisión sabia.

Cuando decimos: "Mira, no te voy a convencer ni me vas a convencer. ¡No nos peleemos por esta situación!" o "¿Quieres que piense así? Está bien, tienes razón, ve en paz", puede ser la mejor decisión porque no cambiamos nuestra opinión, pero tampoco colaboramos para que se inicie un altercado. ¿Decidiste alguna vez darle la razón a alguien para no entrar en una contienda familiar? Seguramente recuerdas algún momento de esos que suelen darse en las familias en el que decidiste no pelear por política, religión, fútbol. Hiciste bien, porque cada vez que decidas no pelearte estarás actuando con sabiduría.

No te pelees. Nunca es bueno entrar en una competencia
de pensamientos.

De acuerdo con nuestras convicciones, experiencias de vida, conocimientos, formación, crianza, cada uno de nosotros puede tener su propia opinión sobre determinado tema. Tú puedes opinar diferente a mí. Ahora bien, lo importante aquí es entender que, si tenemos una opinión propia sobre un tema, si somos mujeres seguras, podemos estar tranquilas porque seremos capaces de aceptar la opinión de los demás sin sentir temor.

Por ejemplo, algunos padres les enseñamos a nuestros hijos acerca de Dios. Los formamos, los llevamos a la iglesia y hacemos todo lo necesario para que se eduquen en la creencia de que existe un Dios que los cuida, que es grande, todopoderoso y el Salvador. Los llevamos para que participen en todas las actividades que se realizan dentro de una iglesia, ya sea católica, evangélica, etc. Otros padres, tal vez, opten por dejar que sus hijos crezcan en libertad y decidan por sus propios medios si creen o no en Dios. Cada persona elegirá de acuerdo a sus convicciones y a las creencias que profesa. Si hay alguien que durante toda su vida ha creído en Dios e incluso ha visto milagros, es obvio que querrá que sus hijos vivan lo mismo.

Otro ejemplo podría ser una familia que quiere que sus hijos estudien porque les parece que una instrucción de excelencia es el mejor legado que les pueden dejar. Tal vez, incluso, crean que hacer todo tipo de esfuerzos para pagarles la mejor educación primaria, secundaria o universitaria es una manera de ocuparse de ellos. Sin embargo, otros papás piensan que a los hijos se les debe dar lo básico y dejar que ellos encuentren después su propio camino. Para estos padres, el estudio no es tan importante. Ellos aprendieron de sus mayores una profesión y progresaron en la vida sin un título universitario.

O podríamos mencionar el caso de una familia que considera que los hijos se deben criar con la mamá en casa, al menos durante los primeros cinco años de vida. Tal vez los padres crecieron con su mamá siempre dentro de la casa, por lo que ahora ambos deciden que la esposa dejará el trabajo para dedicarse a la crianza de los hijos. O quizá crecieron con una mamá o con ambos papás dentro de la casa o con un papá que estaba en el hogar y ambos estaban de acuerdo en que iban a funcionar de esa manera por un tiempo determinado. Otras familias, en cambio, creen que los hijos se crían bien con una mamá que sale a trabajar y puede crecer como mujer, puesto que verla contenta, progresando y desarrollando todo su potencial hace que los hijos crezcan con una autoestima fuerte.

Cada uno les transmitirá a las siguientes generaciones un legado marcado por sus creencias y la formación que recibió. En la medida en que esas convicciones sean claras, no nos molestarán las ideas de los demás porque, cuando conoces y valoras tu posición sobre un tema, puedes escuchar al otro sin sentirte amenazado. Al fin y al cabo, las opiniones son simplemente eso, opiniones.

Me falta el aire

"Mi mamá me asfixia", "Mi marido me ahoga", "Mi familia no me deja respirar". Todas hemos escuchado o expresado frases como estas, que describen una sensación de falta de aire. No obstante, aunque muchas veces la asfixia la provocan los de afuera, otras tantas viene de nuestro interior. Un ejemplo de esto lo constituyen esas mujeres que se sienten ahogadas porque, aun cuando están desarrollando ciertos aspectos de su vida, saben que afuera hay más y aunque quieren ir por todo eso, el agobio que sienten se los impide. ¿Experimentaste alguna vez esta sensación? Siempre habrá objetivos y sueños que quieres alcanzar, así que, no te conformes, ¡ve por más!

Ahora, ¿cómo hacer para lograr más?, ¿cómo ir por nuestros sueños si vivimos encerradas en una caja de zapatos, si afirmamos: "Quiero, pero no puedo"? Todo es cuestión de *actitud*.

Para lograr más en la vida necesitamos desarrollar un *enojo justo* que nos lleve a luchar por lo que nos pertenece. Tenemos que aprender a caminar por la vida produciendo una fuerza contraria a la que nos quiere asfixiar, meter en un molde. La gente, la sociedad, la cultura, los mandatos buscan *amoldarnos* y, para salir del molde o ni siquiera meternos en él, necesitamos ofrecer resistencia. Tienes que provocar algo en tu mundo, querida mujer, ¡para eso estás viva!

Hay mujeres que viven sus vidas sin arriesgarse, sin salir de su zona confortable. "Trabajo todo el día, tengo muchas preocupaciones", aseguran. Viven preocupadas, pero no les hacen frente a los escollos. ¿De qué sirve preocuparse si no haces nada que oponga resistencia para lograr soluciones? Las mujeres que han logrado sus objetivos en la vida son aquellas que no se dejaron vencer; que cayeron, pero se levantaron; que fracasaron y lo volvieron a intentar. ¡Ofrécele resistencia a la vida!

La principal característica de las personas triunfadoras es que estuvieron muy abajo o muy arriba, pero nunca fueron mediocres.

Si sientes que te falta el aire es porque no le estás oponiendo resistencia a la vida. Debes saber que dentro de ti hay una fuerza que todavía no usas y que necesita ser despertada. ¿Qué cosas hacen que te metas en una rutina insoportable? Mujer, deshazte uno a uno de esos obstáculos y ponle pasión a la vida, haz que cada día tenga una música única. Vivir es una aventura extraordinaria.

La vida es un regalo, pero hay quienes aún no lo han abierto. Conservan la caja cerrada, no se atreven a abrirla. ¿Sabes qué te produce asfixia? Que algunas personas a tu alrededor ya abrieron su regalo y saben lo que quieren lograr en la vida, tienen proyectos, objetivos, sueños. Es tiempo de que abras tu caja y te atrevas a descubrir ese regalo maravilloso que es tu vida.

Cuando te sientas ahogada, mira hacia tu interior: hay algo que todavía no has sacado a la luz. ¡Hay tanto potencial dentro de ti! ¡Hay tanto que todavía no has conquistado! Si te sientes asfixiada es porque estás detenida en un lugar donde no debes estar, es porque algo más grande te está esperando.

Romper el molde

Un molde es una estructura, algo así como una cajita en la que todos nos movemos y que nos cuesta mucho romper. Si intentamos salir de esa caja, sentimos que estamos transgrediendo los límites. Abandonar el molde nos provoca mucha culpa y angustia, ya que nos parece que le estamos fallando a alguien, a las personas que nos enseñaron a vivir de esa manera. Transgredir nos genera culpa, pero es necesario hacerlo si queremos crecer. Tal vez la cajita, el molde que les sirvió a nuestros abuelos o a nuestros papás estuvo muy bien para ellos, pero eso no quiere decir que nos sirva a nosotros.

Ahora bien, la pregunta a hacernos es: ¿cómo recupero las fuerzas que tanta preocupación me generó guiarme por las normas establecidas por otros? De tres maneras:

1. *Observa qué hay debajo del iceberg.* Todo iceberg tiene una parte visible a simple vista y una que está oculta debajo del agua. Lo mismo ocurre con las presiones, con esas situaciones que nos cargan. Por ejemplo, tal vez dices: "Me angustia que mis hijos se peleen. ¡Los hermanos tienen que ser unidos, no pueden discutir todo el tiempo!". Las peleas son aquello que se ve a simple vista, pero debajo del iceberg está oculta una creencia tuya que no ves: "Los hermanos no se deben pelear".

Quizá tu creencia sea que, como tu marido no trabaja, te corresponde a ti ser el sostén del hogar. O tal vez pienses que tienes que soportar las críticas de tu familia porque, como viven todos juntos, no te queda otra opción. Lo cierto es que todas necesitamos reconocer nuestras creencias frente a las presiones diarias que nos ahogan; después, solo después, podremos decidir si nos aferramos al iceberg o lo derretimos. ¿Te gustaría derribar creencias? ¿Te gustaría dejar de pensar que, como se trata de tu hermana o tus padres, debes responderles de cierta manera?, ¿que, como vives en la casa de tu suegra, entonces tienes la obligación de encargarte de todas las tareas del hogar? Solo si detectas cuáles son esas creencias que están ocultas, esas maneras de pensar y actuar que te enseñaron y sigues sosteniendo a través de los años, estarás en condiciones de decidir si vas a derribarlas.

En este punto, es fundamental reflexionar acerca de por qué nos aferramos a ciertas creencias a pesar de la presión que ejercen sobre nosotros. Veamos:

a) En primer lugar, porque creemos que tenemos que poder con todo. Decimos: "Debo cargar con esta situación de mi hijo porque soy la madre", "Tengo que ser fuerte porque de lo contrario mi familia sufrirá", "Debo soportar los insultos y no reaccionar", "Siempre tengo que estar disponible para mi pareja porque soy su mujer". Y sí, a veces las mujeres nos imponemos expectativas poco realistas, creemos que tenemos que ser siempre fuertes, comprensivas con todo el mundo, pacientes frente a cualquier agresión. ¿Por qué? Porque necesitamos recibir el título de *buena mujer*. Y por esta razón, la carga se nos hace más pesada.

b) En segundo lugar, porque así como buscamos obtener la aprobación de nuestra familia, también deseamos ganar la aprobación de la gente. Hay mujeres que, cuando no hacen lo que el otro —el jefe, la amiga, la vecina, la suegra— espera, sienten que desilusionan a esa persona. En esta cultura en la que vivimos inmersas, donde las acciones son sumamente importantes, hay personas que creen que, si no hacen un esfuerzo, defraudan a la gente. Muchas mujeres cargan con la sensación de que deben *hacer algo* porque de lo contrario se arruina todo. Están convencidas de que la familia, las amigas, el barrio, las finanzas y absolutamente todo depende de ellas. Eso las lleva a esforzarse cada vez más, aun a costo de su propio bienestar.

En efecto, en un intento de ser *mujeres perfectas*, cargamos con demasiada presión. Cuando buscamos caerle bien a todo el mundo, cuidamos cada palabra que decimos para no ofender, no nos permitimos llorar para no mostrarnos débiles e insistimos en que, si no es por nosotras, el mundo se viene abajo, nos agotamos física y mentalmente. ¡Tú y yo necesitamos entender que no tenemos que poder con todo!

2. *Deja de esperar que el otro cambie.* Gran parte de las presiones que nos oprimen aparecen, por lo general, porque creemos que, con nuestro esfuerzo, el otro va a cambiar. Esa es una gran mentira. Esperar algo de una persona cuando esta no quiere o no puede dárnoslo nos coloca en *modo de espera*. Por ejemplo, hay mujeres que dicen: "Estoy esperando a que mi marido cambie su forma de ver la vida" o "Estoy esperando a que mi hijo se dé cuenta de que trabajo todo el día para darle lo mejor". Estas son excusas perfectas para no seguir adelante con su vida.

Nos urge salir del *modo de espera* y seguir avanzando. Mujer, tu vida es valiosa y vale la pena que la vivas para alcanzar tus sueños, tus proyectos, tus objetivos. No esperes a que los demás cambien porque tal vez nunca lo hagan. ¡Es muy liberador dejar de esperar algo que tal vez nunca llegue!

Piensa por un momento: ¿cuánto hace que esperas a que tu marido, tu hijo/a o tu jefe cambien? Cuando esperes un cambio en el otro, asegúrate de que desee cambiar. Cuando decidas construir algo nuevo con otra persona, cerciórate de que quiera hacerlo.

Analicemos este caso: una madre quiere que su hijo lo suceda en su empresa, en la que invirtió toda su vida para poder dejarla en herencia. Quiere que vaya a trabajar con ella para enseñarle todo lo relativo al manejo de la firma. Pero, si bien ese es su deseo, no es el anhelo del hijo, quien aspira a ir a la universidad y estudiar una carrera que nada tiene que ver con la empresa de su madre. Otro ejemplo puede ser el de una mujer que le sugiere a su amiga que busque otro trabajo donde disponga de una mayor seguridad económica para su vejez. No obstante, a la amiga no le interesa la seguridad económica, ella quiere seguir en ese trabajo porque allí la tratan bien, puede desarrollar su creatividad y se siente cómoda. Su interés no es lo económico, sino el trato que recibe.

Siempre hay que asegurarse de que los demás quieran participar de la historia que estás escribiendo. Pero, si no quieren ser parte, no te preocupes, ¡sigue escribiéndola sola!

3. **No supongas.** Mucha gente vive suponiendo. Lo cierto es que así perdemos tiempo, imaginando situaciones que en realidad no son o que nunca van a ocurrir. Si bien todos los seres humanos tenemos sabiduría interior, nadie tiene poderes psíquicos o mentales para adivinar si una persona nos quiere perjudicar, un ser querido se va a enfermar o ese hombre nos va a dejar.

Cuando vivimos de suposiciones, perdemos el tiempo y las fuerzas, y empezamos a guardar rencor. Entonces nos ponemos a la defensiva: ensayamos venganzas y posibles respuestas frente a lo que el otro nos pueda hacer o decir. ¡Pero todavía nadie ha hecho o dicho nada! Necesitamos achicar nuestro ego, pues no todo empieza ni termina en nosotras. Las cosas pueden seguir funcionando aunque nos quitemos de escena. De hecho, el mundo seguirá girando cuando tú y yo ya no estemos aquí.

"Me trató mal porque me odia". ¡Cuántas veces hemos afirmado tal cosa! Pero no alcanzamos a entender que hay muchas razones por las cuales alguien puede tratarnos mal y no tiene que ser precisamente porque nos odia, sino, tal vez, porque está teniendo un mal día. Tenemos que empezar a leer las situaciones cotidianas de otra manera. Es fundamental aprender a comprender a los demás para llevarnos bien con la familia y la gente en general. No se trata de soportar estoicamente el maltrato, sino de entender que, tal vez, esa persona —llámese pareja, hijo, padre, amigo o desconocido en la calle— está atravesando un mal momento y lo expresa de ese modo. Recuerda: no todo tiene que ver contigo.

Ni tú ni yo somos Dios, no podemos con todo, no tenemos todas las respuestas, no tenemos toda la fuerza que nos gustaría poseer. Cuando aparecen las dificultades con los demás, no es para que tú las resuelvas o para ejercer presión sobre tu vida. El problema que hoy tienes frente a ti no es para que le encuentres una solución sola o para que te impongas una nueva obligación.

Cuando enfrentes presiones externas y creas que has llegado al límite de lo que puedes soportar, no tengas miedo. No pienses que todo se va a venir abajo cuando no puedas sostener más la situación porque ya no tienes fuerzas o no sabes qué más hacer. El mundo seguirá girando y, ¿sabes qué?: ciertamente, tú eres mucho más fuerte de lo que crees.

Cambio de enfoque

Cambiar el enfoque es hacer un giro de ciento ochenta grados: ibas caminando hacia el norte y ahora decides que irás hacia el sur. Antes querías que toda tu familia cambiara, pero ahora te has dado cuenta de que no puedes transformar a nadie; así que intentas todo lo contrario a lo que habías hecho hasta el momento: dejas de insistir, de pelear, de querer imponer tu actitud sobre todo el mundo y de creer que tienes la verdad. Entiendes que tienes solo una parte de la historia, una parte de la razón y, por lo tanto, haces un giro y te permites mirar hacia otro lado. Dejas de mirar lo que te falta para mirar lo que posees, dejas de mirar todo lo negativo para dedicarte a ver lo positivo. Es el típico ejemplo del vaso lleno de agua hasta la mitad. ¿Cómo lo ves tú, medio lleno o medio vacío? Todo se trata de hacia dónde diriges la mirada. Ese es un cambio interno que se reflejará en las acciones externas que comiences a llevar a cabo con los demás o hacia los demás.

Podemos enfocarnos en los errores o aciertos ajenos, en las virtudes o defectos de quienes nos rodean, en lo que son o no son. Todos necesitamos ser valorados y, cuando nuestro enfoque cambia, empezamos a considerar a los demás. ¡Nadie se resiste a una aceptación y una caricia afectiva! Un cambio de enfoque puede cambiar radicalmente el clima familiar o nuestros vínculos laborales.

De modo semejante, podemos dirigir nuestra mirada y nuestro corazón hacia el futuro o hacia el pasado. Hay algunos que viven en el pasado, que lo recuerdan constantemente, que sienten nostalgia de él. Estas personas son propensas a caer en una depresión. Siempre están analizando lo que pasó, lo que podría haber sido y no fue; evalúan sus errores y los errores de los demás, lo que les hicieron y dijeron. Eso les genera una fuerte tensión porque están cobrando deudas de manera permanente. Hay otros, en cambio, que viven por adelantado. Se trata de individuos que están enfocados en el futuro ansiosamente y se adelantan a las reacciones de los demás. Su mirada está enfocada en algo que todavía no ha ocurrido, lo cual produce ansiedad y angustia en el resto de las personas porque, aunque no saben lo que va a pasar, hacen correr a todo el mundo hacia ese futuro que todavía no existe.

Necesitamos enfocarnos en el presente. Eso significa desprendernos del pasado y actuar de acuerdo con lo que está ocurriendo hoy. Podemos mantener siempre una mirada esperanzadora; esto no significa adivinar el futuro, sino tan solo alimentar la esperanza de que lo que viene, ciertamente, será mejor.

Por último, está la manera en que nos vemos a nosotros mismos. Cuando decidimos dejar de pensar en lo que no tenemos, lo que no podemos y lo que no sabemos, podemos comenzar a descubrir lo que sí somos capaces de hacer. Te invito a cambiar el enfoque y a concentrarte en todo lo bueno que tienen tu casa, tu pareja, tus hijos y tu familia.

Recuerda que no necesitas demostrarle nada a nadie. No necesitas hacerte la fuerte porque, al igual que todo el mundo, tienes límites: ¡eres imperfecta! Es bueno que te permitas llorar de vez en cuando; es bueno que puedas admitir que no todo depende de ti; es bueno que te atrevas a reconocer —y a comunicarles a los demás, que tal vez no se dan cuenta— que estás cansada y agobiada. Porque es precisamente cuando somos débiles que nos volvemos fuertes.

¿Estás cansada de pensar que deberías haber hecho algo más, que lo que haces nunca es suficiente? ¿Estás cansada de amargarte porque no deberías haber respondido así o actuado de esa manera? ¿Estás cansada de vivir agobiada con tanta presión? ¡No tienes que resolver nada! Solo debes saber cuál es tu límite para entonces descubrir todo tu potencial. Y verás que las respuestas y las soluciones comienzan a aflorar.

Si estás lidiando con una carga muy pesada que te oprime, que ya no quieres llevar, admítelo sin vergüenza y di: "¡Ya no puedo sostener esto!". Comparte la carga que te agobia con alguien de confianza, pero no suspendas tu vida por eso que te está pasando. Muchas mujeres —y también hombres— dejaron a un lado sus sueños y proyectos esperando a que el otro cambiara, les dijera que sí y los acompañara. ¡No pongas los tuyos en pausa!

Llegó el momento de que cada uno proyecte su propia vida. Lazos familiares, sí; vínculos invasivos, no. Todos tenemos un espacio y hay que respetarlo para que funcione y las relaciones maduren y crezcan saludablemente. Atrévete a ver algo diferente; anímate a darle un giro a lo que has hecho hasta hoy.

Es hora de saldar las cuentas

No existe la familia perfecta, todos en algún momento nos peleamos o vimos pelearse a algún miembro de nuestra familia. Los motivos que pueden llevar a un conflicto son muy diferentes.

Nos peleamos por dinero, por los nietos, porque se meten en nuestra vida, porque nos cambian los planes, a causa de las murmuraciones.

Sin embargo, a pesar de que las causas aparentes pueden ser muchas, debes saber que, cuando una pelea no se resuelve a lo largo del tiempo, el que creías que era el motivo, en realidad, no lo es. El motivo real es una falla o una debilidad en la construcción del lazo afectivo que debe existir entre los miembros de toda familia.

Las relaciones afectivas las vamos edificando desde la infancia, día a día, con cariño, comprensión y diálogo. Si la construcción de esos vínculos es buena, cuando surge un problema, este normalmente se soluciona. ¿Por qué? Porque todas las partes quieren resolver la situación. Cada uno de los involucrados desea ponerse de acuerdo con el otro, por lo menos, en algo y entonces encuentran una manera de resolver el conflicto.

Si el lazo afectivo está bien construido desde la base, los miembros de la familia quieren estar juntos y en paz, y ese deseo es más fuerte que una discusión. Pero si la conexión es endeble, la pelea se hace interminable.

¿Por qué en muchos casos no se establece un vínculo fuerte desde la infancia? Por ejemplo, a veces los padres no propiciaron la unidad entre los hermanos, y esto es algo más común de lo que crees. El papá o la mamá se quejan de uno de sus hijos con los demás. Dicen: "Tu hermano es un desastre", "¡Mira qué despistada es!", "Es un vago", etc. Algunos, por su parte, también cometen el error de comparar a un hijo con otro. Tales comentarios fomentan la división y favorecen el desarrollo de relaciones frágiles, que serán la raíz de los conflictos más adelante.

¿Cómo se manifiestan esos conflictos? ¿Qué pasa cuando un problema perdura por años y no hay nadie que le ponga límite? Se discute por la casa, pero la casa no es el problema; se discute por la herencia, pero la herencia no es el problema; se discute por quién se queda a cuidar a mamá durante las vacaciones, pero ese no es el problema.

La realidad es que en esa pelea se están cobrando cuentas anteriores. "Tú siempre fuiste el favorito de mamá, por eso ahora te crees con derecho a quedarte a vivir en su casa cuando mamá ya no está". Y ahí aparece claramente el verdadero problema: toda la rivalidad alimentada durante años ha logrado abrir una brecha entre los hermanos y propiciar un sentimiento de inferioridad que conduce al enojo y las desavenencias.

Si tienes un problema sin resolver hace años en la familia, entonces ese no es el verdadero conflicto: hay algo más y tienes que descubrir qué cuenta anterior está cobrando el otro con esa pelea.

Entonces, ¿cómo resuelves la pelea?

1. **No asumas el rol de víctima.** Te victimizas cuando afirmas: "A *mí* me comparaban", "A *mí* me dejaban de lado", "Se burlaban de *mí*", "No *me* cuidaban". Y es posible que sea cierto, pero cuando tienes un conflicto con otra persona, debes considerar también su perspectiva. Cada individuo hace una lectura propia de las experiencias, por eso es tan importante tener en cuenta cuál es su interpretación de las circunstancias. Cuando conoces la lectura del otro, se terminan los malentendidos y disminuyen la ansiedad, la bronca, la envidia, la competencia. Así es mucho más fácil establecer un diálogo.

2. **Arriésgate a enfrentar a ese familiar con el que estás peleada.** No puedes permanecer años peleada con esa persona. No está bien. No se siente bien. Ten presente que no es solamente lo que te pasa a ti, sino todo lo que hay alrededor, el contexto.

Es muy importante que, cuando observes el contexto, cuando mires a tu familia, encuentres que hay paz y que las cuentas están saldadas. Por eso, aunque pienses que vas a fracasar, tienes que hacer lo posible para hablar con el otro y así ver las cosas desde su perspectiva, escucharlo, creer que dice la verdad. De esa manera, podrás acceder a la raíz del problema —que, como hemos explicado, no es lo que aparenta ser, sino algo más que se esconde debajo de la superficie— y, cuando salga a la luz, será más probable que lo puedan solucionar. Vale la pena intentarlo: al final, es preferible fracasar a ser una familia frustrada porque nunca se animaron a dialogar. ¡Arriésgate a enfrentar a ese familiar con el que estás peleada!

Tal vez pienses: "Hace años que estamos enemistados, ¿para qué intentar solucionar el conflicto? Mejor seguimos así, peleados", y así anestesias las emociones. Sin embargo, la anestesia no dura para toda la vida y, por eso, en algún momento, esas emociones dormidas se despertarán para que enfrentes el conflicto e intentes solucionar esa controversia con tu hermano, tu tío, tu mamá. Quizá fracases, pero algo es seguro: no te sentirás una persona frustrada porque afrontaste la situación. O tal vez sí tengas éxito y, en ese caso, le habrán ganado a la discordia. Verás cómo todo el contexto familiar cambia.

Tips **para llevarte bien con tu familia**

* * *

1. *No entierres tus necesidades, anhelos y proyectos* en pos de satisfacer los de tu pareja, tus hijos o seres queridos. No te conviertas en una mujer que complace a medio mundo, pero que no se siente plena ni es feliz.

2. *Identifica cuáles son los sueños en los que no podías dejar de pensar* tiempo atrás y que olvidaste con el paso de los años. Comienza a desenterrarlos. Da pequeños pasos para recuperarlos. Recuerda que cuando una mujer sepulta sus sueños, se muere.

3. *No esperes a tener fuerzas para comenzar a caminar hacia aquello que anhelas.* Cuando recuperes la ilusión por ese proyecto que años atrás te desvelaba, entonces la fortaleza vendrá sola. Permite que la pasión y la alegría vuelvan a brillar en tu vida.

4. *Rompe con la creencia equivocada de que tienes que agradar y complacer* a todo el mundo. Ten presente que no eres una supermujer.

5. *Deja de creer que, si te esfuerzas lo suficiente, el otro va a cambiar.* Nadie cambia si no es por decisión propia. Sal del *modo de espera* y empieza a trabajar por tus sueños. Nadie lo hará por ti.

Tiempo de reflexión

Es posible que ese mal carácter de tu pareja, tu hijo o ese familiar tenga que ver con que está pasando un mal momento. Intenta tomarte un tiempo para conversar con la persona en cuestión a fin de entenderla, de empatizar con lo que quizá le ocurre.

Si te has esforzado para que una situación negativa en tu familia cambie y no has obtenido resultados, tal vez sea tiempo de cambiar de enfoque y concentrarte en lo que sí tienes y no en lo que te falta. Haz una lista de al menos diez características positivas que hacen que la familia que formaste —tu pareja, tus hijos— sea inigualable.

Capítulo tres

Cómo me llevo con mi pareja

A muchas mujeres les suele suceder que le hablan a su pareja, pero él no las escucha. Antes de comenzar con el tema, es importante aclarar que aquí me refiero a la situación de una pareja cuyos integrantes se aman mutuamente y se llevan medianamente bien. No voy a hablar de aquellas parejas donde uno de los dos maltrata al otro física o verbalmente.

¿Cuáles son los posibles motivos por los que tu pareja no te oye? Lo primero que debes descartar es la posibilidad de que tenga un problema auditivo. ¡Lo digo en serio! Algunos hombres no se dan cuenta de que están perdiendo la audición. Otros sí lo notan, pero no dicen nada por vergüenza. Si sospechas que esto es lo que puede estar ocurriéndole a tu pareja, anímalo a consultar al médico cuanto antes.

Pero si no se trata de un problema auditivo, entonces tal vez puedas reconocer a tu pareja entre alguno de los siguientes tipos de hombres que no escuchan a su mujer:

1. El hombre que no escucha a nadie, excepto a sí mismo
No es que no te oiga a ti, en realidad, ¡no escucha a nadie! Ni a los hijos, ni a la madre, ni a los amigos. ¿Por qué? Porque **es narcisista**. El término *narcisismo* fue introducido en 1898 por el médico británico Havelock Ellis para explicar la tendencia a estar

enteramente absorto en la admiración de sí mismo.[1] Al respecto, Mary Anne Evans escribió: "Era como un gallo que creía que el sol había salido para oírle cantar".[2] El narcisista es la persona que se ama a sí misma en exceso y vive en una permanente búsqueda de admiración. Su mundo se reduce a "Yo…, yo… y yo…", explica el Dr. Bernardo Stamateas.

Es importante tener en cuenta que el narcisista, como todo sujeto con personalidad psicopática, lo ha sido desde siempre, pero con los años esta característica se exacerba aún más. La vejez potencia lo bueno, pero también lo malo de las personas. De modo que, si no te escuchaba antes —quizá el enamoramiento hizo que no le dieras importancia a ese asunto—, ¡menos lo va a hacer ahora!

Como dije anteriormente, el narcisista solo se oye a sí mismo y lo único que le interesa es su propio deseo. Si este es el caso de tu pareja, si era así cuando lo conociste, te enamoraste de él y lo aceptaste, debes saber que no te va a escuchar nunca. Lo ideal en esta situación es convertirte en una mujer más independiente y tomar tus propias decisiones. Es decir, **amarlo más y necesitarlo menos**. Ámalo porque lo elegiste y construiste una familia con él, pero necesítalo menos.

2. El hombre que no escucha porque es depresivo

El psiquiatra estadounidense David Burns dice en su libro *Sentirse bien* que "La persona depresiva experimenta dentro de sí misma una sensación de impotencia, un sentimiento absolutamente ilógico, pero que le parecerá tan real que acabará convenciéndose

---

[1] Ellis, H. (1898). "Auto-Erotism: A Psychological Study". *Alienist and Neurologist*, 19, 260-299.
[2] Mary Anne Evans (1819-1880). Escritora británica conocida por el seudónimo George Eliot.

a sí misma de que su incapacidad durará eternamente".[3] Por su parte, el Dr. Bernardo Stamateas explica que: "Una persona en depresión no solo no se llevará bien consigo misma sino que tendrá dificultades en sus relaciones de pareja y en su interrelación con el mundo. Sin embargo, tendrá una gran necesidad de sentirse amada. La depresión es tóxica ya que constituye la alteración del campo anímico, alteración que influye y afecta en todas las áreas de la vida. Cuando tu ánimo baja, comienzas a actuar como si estuvieras anestesiado. Nada de lo que antes te importaba ahora te interesa, pareciera ser que nada te alegra ni nada te moviliza. Todas y cada una de estas reacciones están conectadas a la depresión que estás sintiendo".[4]

Un hombre que sufre de depresión suele tener un bajo nivel de escucha porque está absorto en su propia tristeza, en su propia angustia. En este caso, lo mejor es buscar la manera de que reciba ayuda profesional. El problema no es que no te oye porque no te quiere o porque no le interesa lo que le dices, sino porque sufre de depresión.

3. El hombre que a veces escucha y a veces no

Antes de quejarte de tu pareja y expresar: "Nunca me escucha… Ya no me quiere. Debe tener otra mujer. Mis ideas no le interesan en absoluto", piensa y plantéate qué es lo que le puede estar ocurriendo. ¿Será que está estresado?, ¿estará pensando cómo resolver un problema y eso lo tiene distraído?

Los hombres buscan soluciones todo el tiempo y es posible que, cuando le cuentes un problema que ya vienes analizando durante un tiempo, él no diga nada y haga como que no te

---

[3] Burns, D. (2005). *Sentirse bien: una nueva terapia contra las depresiones* (p. 26). Ediciones Paidós.
[4] Stamateas, B. (2014). *Emociones tóxicas: cómo sanar el daño emocional y ser libres para tener paz interior.* B de Books.

escuchó. Lo que ocurre es que necesita tiempo para digerir lo que le soltaste y hallar una respuesta. También es posible que esté concentrado en darle solución a una cuestión distinta de la que le planteaste. Entonces, cuando compartes con él una nueva preocupación, se bloquea.

Por otra parte, es muy común que **las mujeres tengamos prioridades diferentes a la de los varones.** Y esto no solo aplica a la pareja: a veces, las mujeres pretendemos que incluso nuestros hijos adopten *nuestras* prioridades y que, además, sean felices con eso. Antes de sacar conclusiones, es fundamental que nos preguntemos qué otras cosas le pueden estar ocurriendo a ese hombre que, aparentemente, no nos escucha.

El mundo emocional de él

Otro aspecto importante a tener en cuenta es que el mundo emocional no es precisamente el terreno en que el hombre se siente más cómodo. La cultura no le enseñó a expresar sus emociones, sino a reprimirlas, a ocultarlas. La única emoción que le permitieron exteriorizar es la ira. Entonces, cuando nosotras le proponemos a nuestra pareja hablar y esperamos que nos escuche, él se siente incómodo. ¿Por qué? Porque escuchar y conversar implica entrar en el terreno emocional. Esta es la razón por la que no te responde y parece que no te escucha, que no le importa lo que le cuentas. En el terreno de las palabras, las mujeres siempre salimos ganando y ellos lo saben, por eso, a veces prefieren no exponerse.

Hay ciertas preguntas que podríamos tratar de no hacerle a un hombre. Veamos algunas de ellas:

* "¿Tú verdaderamente me amas?"
* "¿Estoy gorda?"

* "¿Viste lo que me hice en el salón de belleza"
* "¿Qué estás pensando?"
* "¿Por qué no me hablas?"

Hacer este tipo de preguntas es exponerte a que tu pareja te dé una respuesta que preferirías no escuchar para evitar sentirte herida. En muchas ocasiones, frente a un "¿Me amas?", él responde: "¿A quién?" o "¿Me repites la pregunta?". Si le preguntas si estás gorda, muy probablemente diga: "¿En comparación con quién?". Y si le preguntas qué le parece tu nuevo peinado, responderá: "¿Cuánto gastaste en el salón de belleza?".

¿Qué podemos hacer para que ese hombre que tiene estrés, está preocupado o ignora su mundo emocional nos escuche? Analicemos tres pautas fundamentales:

1. *El hecho de que no escuche no es un problema afectivo, sino de comunicación.* Ese hombre no dejó de amarte ni tiene otra mujer, sencillamente, no puede o no sabe comunicarse. Para que te preste atención, cultiva la *escucha empática*; es decir, primero óyelo tú con atención. Si eres de las que hablan, hablan y hablan todo el tiempo, es entendible que no te responda porque... ¡no le permites meter un bocadillo! Entonces, siémbrale escucha y recuerda que no se trata solo de oír al otro, sino de **hacerlo con el corazón.**

Aunque él no diga mucho, puedes realizar una buena lectura de la media palabra que pronuncia y tomarla como todo un diálogo con tu pareja (¡ojo!, sin inventarte un novelón: sé objetiva). Tómate tiempo para escuchar, para entender con empatía un gesto si eso es todo lo que él puede darte. Ayúdalo a que se comunique, porque él no es diestro en el terreno de las palabras y de la conversación.

2. *No insistas más de la cuenta.* A las mujeres nos encanta sermonear a los hombres. Por ejemplo, decimos: "No deberías actuar de esta manera con nuestros hijos. No tienes ni idea de lo mucho que te extrañan los chicos. Llegas tarde todos los días, cuando ellos ya están acostados. Deberías dedicarles más tiempo…". En lugar de regañarlo, pregúntate a ti misma: ¿quiero hablar con él, quiero dialogar con mi pareja, o solo busco descargar toda la ira y frustración que hay dentro de mí y gritarle todo lo que no le he dicho durante años?

No sermonees a tu pareja porque entonces él se va a replegar. ¿Por qué no te responde cuando te diriges a él de esa forma y con esa actitud? Porque el hombre, frente al sermón, se cierra. A ellos no les gusta que su mujer les hable como si fueran el hijo o un alumno de la escuela primaria.

3. *Evitemos caer en la reiteración.* Las mujeres solemos repetir las cosas, especialmente, las que somos docentes o trabajamos con niños. Lo cierto es que no somos las maestras de nuestras parejas, así que no deberíamos repetirle cien veces la misma cosa. Necesitamos aprender a no estar tan pendientes de si hace o no una tarea. Dejemos que las cosas sucedan. Por ejemplo, si le pides que saque la bolsa de basura, díselo una vez y olvídate del asunto. Si es necesario, deja que la basura despida mal olor y que él sienta que es su responsabilidad. **Todo en la pareja tiene que ser recíproco: los dos debemos ser colaboradores.**

Construir el terreno

Otra regla importante para lograr que tu pareja te escuche es construir el terreno antes de comentarle un problema. ¿Cómo se hace? Veamos algunos *tips*:

1. *Busca el momento más oportuno*

Tanto hombres como mujeres tenemos que aprender a identificar el momento propicio para iniciar una conversación. Si vemos que el otro está nervioso, preocupado o angustiado, esperemos y busquemos una oportunidad más adecuada para hablar.

Tal vez digas: "Lo que pasa es que a él no le interesa el tema". Y es posible que así sea, porque su prioridad es otra. Como tú ya le planteaste el tema y no hubo interés de parte de él, entonces, la sugerencia es que trates de resolverlo por tus medios. De esa forma, le diste la oportunidad de participar, pero ahora tienes el camino libre porque él prefirió no involucrarse. Seguramente, se lamentará por haber tenido la oportunidad y no haber sabido aprovecharla.

2. *Reconoce lo que a él le atrae, sin juzgarlo*

A la hora de preparar el terreno para hablar, es necesario reconocer lo que a él le atrae, pero sin juzgarlo, como solemos hacer las mujeres. Si se quiere dejar la barba, no le digas: "¿Así que ahora te quieres dejar la barba para hacerte el jovencito?". Déjalo, ¿qué te molesta que se deje la barba? Cuando ese hombre formó una pareja contigo, no se trasformó en tu esclavo. No te opongas a que juegue al fútbol con los amigos, escuche la música que le gusta, tenga barba. **¡No lo juzgues!** Si se están criticando mutuamente, el problema es que ni el uno ni el otro pueden respetar las individualidades. **Ambos deben respetarse** porque ninguno está en una relación de esclavitud.

La crítica solamente obstruye la comunicación.

Lo ideal es preguntarle al otro: "¿Cómo te gustaría que yo te demostrara mi amor y mi cuidado?". ¡Trata de hacer críticas constructivas!

3. *Expande sus fortalezas y minimiza sus debilidades*

Al iniciar una conversación con nuestra pareja —o con cualquier persona—, siempre debemos expandir o maximizar sus fortalezas y minimizar sus debilidades. Y esto no es mentir. Quizá una de las únicas conversaciones que tu pareja tuvo contigo fue cuando se te declaró. Es más, tal vez ni siquiera hizo eso porque te le adelantaste. Pero recuérdale ese día y dile: "¿Recuerdas el día que yo me declaré? ¡Qué dulce, tierno y romántico fuiste!".

Jamás hables con ironía. Toma una fortaleza de él —todos tenemos al menos una— y agrándala. Esta actitud lo predispondrá a escucharte. Tienes que enfocarte en esos puntos fuertes que tanto te atrajeron al principio.

Si hace años que vienes diciéndole a tu pareja frases negativas del tipo: "No sirves como padre, como hombre, como hijo, como trabajador", entonces has obstruido la comunicación y el resultado será que, cuando le hables, no te va a escuchar. ¿Qué hacer en estos casos? Debes volver a construir el terreno para que el diálogo empiece a fluir.

Si sientes que tienes que perdonarlo por algo, hazlo. Y si ya lo perdonaste, no le pases más las mismas facturas. Haz "borrón y cuenta nueva". Vuelve a tener confianza en él. Toma sus fortalezas y dile, como al principio de la relación: "Me gusta esto de ti".

Así se prepara un terreno de comunicación donde ambos se sienten cómodos y libres para ser quienes son y abrirse el corazón el uno al otro. En una pareja, es tarea de cada uno impulsar al otro hacia adelante. No se trata de que tú lo alientes, pero él no haga lo mismo por ti. **Tu pareja también debe animarte a que crezcas y logres tus metas. El crecimiento es recíproco.** Para que una pareja funcione, ambos tienen que alentarse para alcanzar los sueños personales y de pareja.

La mejor manera de decir las cosas

Necesitamos reconocer cuál es la mejor forma de hablar con los demás, especialmente con nuestra pareja. Hay maneras y maneras de expresar lo que tenemos que decir. Quizá seas de esas mujeres mandonas, un tanto autoritarias, que siempre están gritándole al otro, queriendo tener la razón en todo. Como expliqué anteriormente, si le dices que es un tonto, un inútil, un distraído y un holgazán, entonces será muy difícil que él acepte tener un diálogo. Por eso, es necesario aprender a decir bien lo que queremos comunicar. Claramente, si a nosotras nos dijeran esas palabras hirientes, también nos cerraríamos.

Antes de decirle a tu pareja una palabra dura sobre su vida, es preferible que calles. Ciertamente, no puedes destilar frustración, odio, rencor y falta de perdón. Lo ideal es que te mantengas en silencio hasta que seas capaz de hablar sin agredir ni injuriar.

Necesitas saber que la gran lucha siempre será por tus oídos, porque quien gana tu oído gana tu vida. Esta es la razón por la que los hombres hablan mucho cuando nos quieren conquistar, pero, con los años, dejan de hacerlo. Ellos saben que, si ganan tu oído, te enamoran con facilidad. Entonces, ¿a quién quieres escuchar? ¿Estás esperando una respuesta de tu pareja o estás buscando la respuesta dentro de ti misma? ¿Pretendes que tu pareja resuelva asuntos que solo tú puedes resolver?

Si escuchas la voz de la derrota, obtendrás la derrota; si escuchas la voz de la enfermedad, tendrás enfermedad. Pero si escuchas tu propia voz, que habla con sabiduría, sabrás cómo conversar con él. Prepara el terreno, háblale con amor, no lo critiques, reconoce quién es, dile cosas lindas… y solo después, explícale lo que quieres contarle. Sin duda, él te va a escuchar.

La crítica nunca es constructiva, siempre termina dañando. Al no aportar, no construye. Sin embargo, podemos hacer propuestas para ver de qué manera resolvemos esa situación y ambos ganamos. También es beneficioso motivarnos mutuamente para ver de qué manera podemos transitar juntos la crisis y, al mismo tiempo, buscar soluciones para que la pareja siga creciendo.

Un nuevo amanecer

Dicen que después de haber sufrido una herida de amor, todos los seres humanos llevamos por dentro, en el corazón, durante toda la vida, un cartelito con la cara de la persona que nos hirió. Vamos por todos lados con esa pancarta que dice: "Se busca. Esta persona me lastimó, me traicionó", y cuando se acerca alguien parecido a ella, se nos enciende una alarma interna: "¡Cuidado, te va a lastimar!". Así andamos por la vida, desconfiando, con esa alarma encendida permanentemente.

Muchas mujeres aseguran que no pueden "aterrizar en el amor" y, cuando les preguntan qué significa para ellas esta expresión, responden: "Sentirme abrazada, sostenida, pero no solo por fuera, sino también por dentro". Eso habla de seguridad, porque si hay algo que el amor nos brinda es amparo. Cuando logres sanar tu corazón, nunca más buscarás a un hombre para que ocupe un espacio en tu vida, sino que buscarás a una persona especial para que honre ese lugar que le das.

Tal vez pienses que es muy difícil olvidar todo lo que te hicieron y no quieres sufrir nuevamente por amor. Te asusta volver a fallar, que te vaya mal, te maltraten, te engañen, te traicionen. Si este es tu caso, quiero decirte que, si ya pasaste cosas malas, no te puede ir peor. Si llegaste a la medianoche de tu vida, ¡solo resta que empiece a salir el sol!

Recupera la esperanza. Lo que pasó, pasó. ¡Ahora es tiempo
de que vuelvas a tomar el control de tu felicidad!

Es tiempo de dejar de hablar del anochecer y de cuánto te lasti-
maron. Comienza a hablar del nuevo amanecer, de las experiencias lindas que empezarás a vivir a partir de ahora. Porque vienen
tiempos buenos para ti. ¡Necesitas volver a fluir en el amor!

Estamos en medio de una sociedad verdaderamente indife-
rente. Vivimos con miedo, desconfiando de cualquiera que se nos
acerque. Cuidamos la cartera, cerramos la ventanilla del auto y
ni siquiera nos detenemos a contestar cuando un desconocido
nos hace una pregunta. Así, nosotras también nos hemos vuelto
desamoradas, pero necesitamos volver a recuperar el amor y ese
lugar seguro que todos necesitamos.

Haberte cerrado a ese querer es la razón por la que te criticas
a ti misma, te echas la culpa de todo, afirmas que una relación no
va a funcionar y que morirás sola. La única manera de recuperar
el flujo de sentimientos hacia ti es saber que hay un amor que te
está esperando y vive en tu interior.

Todo el amor que necesitamos está dentro de cada una
de nosotras, en nuestro ser interior. No es necesario buscarlo
afuera.

Lo que debemos hacer es abrir el grifo para que el **amor** empiece
a **fluir**, primero hacia nosotras y luego hacia los demás. El orden
debe ser ese, porque no podemos dar lo que no tenemos. La prioridad es recuperar tu autoestima y descubrir la preciosura que
hay dentro de ti; porque, cuando entiendes que hay belleza en tu
interior, es mucho más fácil que los demás también la perciban.

Si estás peleada con tu pareja y se lastiman mutuamente una
y otra vez, o tuviste pareja, pero hoy estás sin compañía, tienes

que aprender a conectarte con el amor de nuevo porque esa es la única manera de perdonarte a ti misma o a alguien más. Cuando aceptes ese sentimiento y lo dejes fluir, nadie volverá a lastimarte. Llegaste a tu medianoche, pero ahora empieza a amanecer sobre tu vida y pronto experimentarás a diario cómo ese amor te conecta contigo misma y con los otros.

Cómo comunicarte mejor con tu pareja

Aquí te dejo algunos consejos que te ayudarán a fortalecer la comunicación con tu pareja:

* *Habla con tu pareja en términos de deseos y no de necesidad.* Es muy desagradable estar al lado de una persona que siempre *necesita* algo: "Necesito que me escuches", "Necesito que me quieras", "Necesito que me hables". Al expresarte de esta manera le estás mostrando al otro que eres una persona necesitada y a nadie le gusta estar con alguien que vive pidiendo. Cambia la expresión "Yo necesito" por "Yo deseo", y di, por ejemplo: "Te quiero, deseo estar contigo, deseo pasar más tiempo a tu lado". ¡El deseo siempre revela pasión!

* *Habla de sentimientos profundos.* Una encuesta efectuada a parejas que se habían divorciado arrojó como resultado que la ruptura de las relaciones había ocurrido, mayormente, por no expresar sentimientos profundos. Existen parejas en las que la comunicación se ha perdido, por lo que es sumamente importante conectarse con esos sentimientos antes de dar una solución al conflicto. Hay mujeres que, cuando le plantean a su pareja que se sienten solas, reciben como respuesta: "Bueno, nos vamos dos días de viaje y

ya está" o "Ve a comprarte un par de zapatos y se soluciona todo". Quieren darle una solución rápida a la situación sin advertir que no trataron primero de identificarse con esa mujer. No le preguntaron por qué se siente sola, qué le sucede o qué podrían hacer para mejorarlo. Es importante empatizar con ella antes de dar una respuesta, ya que, muchas veces, la meta de una mujer cuando habla no es, necesariamente, obtener una solución. El simple hecho de poder expresar y compartir sentimientos profundos es de por sí sanador para las mujeres. Del mismo modo, nosotras debemos permitir que el hombre también se exprese. En muchas ocasiones, estamos tan necesitadas de ese hombre que se nos olvida que él también requiere algo a nivel emocional.

* **Descubre a tu pareja haciendo las cosas bien y díselo.** Muchas mujeres suelen regañar constantemente a su pareja y lo recriminan porque no colabora, pero el día que ese hombre ayuda, nunca faltan expresiones como: "¡Ya era hora!" o "¡Por fin te dignaste a hacer algo!". ¡Empieza a felicitar a tu pareja! Valora cada vez que hace algo bien, por pequeño que sea. Recuerda que esa pequeña obra es una semilla que pronto crecerá.

* **No tengas pensamientos de sospecha, sino de afirmación.** Hay personas que constantemente sospechan de su pareja y dicen: "Me va a engañar", "¿Por qué habla con la cajera?", "¿Qué será lo que tiene que conversar con el vecino?". Es probable que ninguno engañe al otro, pero vivir bajo sospecha y en estado de alerta por lo que eventualmente podría llegar a suceder no hace más que impedir que ambos puedan disfrutar de la relación. Deja de lado la sospecha y comunícate con tu pareja con alegría. La risa compartida, el humor y la complicidad son la fuerza que les permite seguir adelante a pesar de los problemas.

* **Reconoce que no eres perfecta.** Cuando aceptas que eres imperfecta, le das a tu pareja margen para equivocarse. Es muy desagradable estar al lado de una persona que cree que no tiene defectos y lo hace todo bien. Permítete y permítele a tu pareja cometer errores. Tienes que saber que en una relación hay objetivos que no se van a alcanzar. Recuerda, por último, que solo eres capaz de recrear con otra persona el tipo de relación que tienes contigo misma. Así lograrás comunicarte mejor.

Tips para llevarte bien con tu pareja

❋ ❋ ❋

1. *La comunicación en la pareja es fundamental.* Ten en cuenta que escuchar y conversar implica entrar en el terreno emocional, el cual, para la mayoría de los hombres, es un ámbito en el que se sienten incómodos e inseguros. Para que él te escuche, primero escúchalo tú con atención y amor. Si buscas que se abra al diálogo, no lo sermonees, evita regañarlo como a un niño y no repitas cien veces lo mismo. Él es tu pareja, tu amor, no un hijo al que debes educar.

2. *Antes de abordar con él un problema, necesitas construir el terreno.* Respétalo, no critiques sus gustos, no lo juzgues. Enfócate en sus virtudes y fortalezas, perdónalo si se ha equivocado, no le pases factura por hechos que quedaron en el pasado. Por último, busca el momento propicio para conversar, no lo hagas cuando sabes que está cansado o agobiado por alguna situación.

3. *Para llevarte bien con tu pareja, evita insultarlo o hablarle con odio y rencor,* buscando herirlo con las palabras. Si no te sientes capaz de hablar sin ironías, injurias o agresiones, es preferible que guardes silencio.

4. *Sin importar las heridas de amor que hayas sufrido en el pasado, levántate,* recupera la esperanza y vuelve a conectarte con el amor. Es imposible que el amor fluya en tu vida si primero no te amas a ti misma. Fortalece tu estima, descubre la belleza que vive en ti. Y recuerda: no puedes dar lo que no tienes.

Tiempo de reflexión

¿Estás segura de que es imperativo que él te escuche y le dé solución a tu problema? ¿No será que necesitas convertirte en una mujer más independiente y buscar una respuesta dentro de ti misma?

Haz una lista de las virtudes de tu pareja, las cosas que hace bien, todo lo que te enamora de él, y concéntrate en esos aspectos de su personalidad. Es cierto, también tiene defectos y debilidades, pero detente a pensar que tú tampoco eres perfecta.

Capítulo cuatro

Mi jefe y mis compañeros de trabajo

Dado que muchas mujeres pasan gran parte del día en sus trabajos, las relaciones personales que establecen no solo se desarrollan en el ámbito familiar, sino también en el laboral. Los vínculos que se forman en ese entorno tienen, en muchos casos, un alto grado de complejidad. Todo es mucho más saludable cuando el ambiente en el que nos movemos a diario es agradable. Como suele suceder en todas las relaciones interpersonales, en los vínculos laborales no solo se pone en juego la idoneidad individual, sino muchos otros factores.

Algunos jefes o personas con autoridad creen que el poder les da permiso para maltratar a los demás. En realidad, se trata de un tipo de liderazgo que querrá obtener resultados a cualquier costo. Un jefe autoritario no buscará el beneficio del grupo, sino que ejercerá su poder y manipulación sobre quienes él cree que están debajo de él.

El líder debe administrar la autoridad y jamás utilizarla de manera indebida, sobre todo en la interacción con aquellos que se encuentran a su cargo. Para eso necesita dejarles muy claro a sus equipos cuáles son sus expectativas. Tener autoridad implica ser capaz de pedir, exigir, felicitar y motivar cada vez que haga falta. Es muy sencillo caer en el autoritarismo y, en ese caso, los líderes maltratan y manipulan a las personas que dependen de ellos. Lamentablemente, es moneda corriente en todos lados. Ser autoritario consiste en abusar de la autoridad; es decir, ejercer un poder que supera los límites impuestos para lograr algún objetivo.

Los jefes autoritarios nunca consiguen que sus empleados los obedezcan con buena disposición: pueden hacer que cumplan con sus exigencias, pero se ganan la antipatía de ellos en el proceso. Este tipo de líderes están obligados a ejercer un control estricto debido al temor que han generado en los suyos. Trabajar para alguien con estas características es siempre una tortura y los empleados no podrán trabajar con alegría, aunque se trate de un proyecto motivador y con grandes perspectivas.

Cuando algo así sucede, muchos empleados, y especialmente las mujeres, deciden tolerarlo por temor a perder su trabajo. El hecho es que, frente a esta actitud, quedan atemorizadas y no pueden desempeñarse de una manera que les permita desarrollar todas sus capacidades. Ahora bien, también sucede que muchas mujeres, cuando llegan a un puesto de autoridad, olvidan todos los malos tratos que han sufrido y repiten ese parámetro de conducta del que fueron víctimas.

Líder o coordinadora, jefa o empleada, no olvides nunca que tienes que mantener siempre la humildad, el deseo de aprender todos los días y llevar a cabo la tarea asignada hoy en espera de un mejor mañana. También es fundamental, en todo nivel, perfeccionarse y superarse a uno mismo sin buscar competir, sino más bien tener una relación excelente con todos.

Y si me enojo, ¿qué pasa?

Si te enojas, querida mujer, nada sucederá. Las mujeres tenemos que entender que, contrariamente a lo que nos han enseñado, todos nos molestamos alguna vez. El problema llega cuando el enojo pasa a ser destructivo. Me refiero a ese disgusto que decidimos sostener en el tiempo y dejamos que creciera dentro de nosotras. Por ejemplo, una compañera de trabajo te trató de mala manera hace varios años y, a pesar del paso del tiempo, tú sigues enojada. Mantienes el rencor como si todo hubiera ocurrido ayer. Recuerdas el hecho y alimentas tu enojo cada día que la ves. Te despiertas en la mañana y te vas a dormir en la noche pensando en lo mal que te trató. Internamente, te das a ti misma argumentos asegurándote que es correcto estar así de enojada porque ¡quién se cree que es para dirigirse a ti de esa forma! Entonces, llegas a la conclusión de que está bien querer vengarse. En lo exterior, comienzas a pelear y a tener más conflictos, no solo con esa persona, sino con todo el mundo. Dicha situación va en aumento día tras día y la contienda se hace presente a cada paso que das, tanto por dentro como por fuera.

Si este es tu caso, has de saber que los seres humanos contamos con una herramienta maravillosa: el perdón. Siempre puede haber roces en el ámbito laboral, al igual que en casa e, incluso, en la calle. Pero, haga lo que haga el otro, todos tenemos acceso al poder del perdón. Sin embargo, cuando están enojadas, muchas personas deciden no usarlo. Piensan: "Seguiré recordando lo que me hizo y enojándome por lo sucedido. Continuaré alimentando cada día mi enojo. Haré todo lo que sea necesario para que todo el mundo se entere de que estoy muy enojada".

Cuando estamos enojadas, sembramos con nuestra boca semillas de ira que nos conducen a la separación. Son simientes negativas que alimentamos cada día con más palabras de rabia y desunión. Y es inevitable: aquello que plantamos es lo que cosechamos. Recuerda: si esparces semillas de enojo, no podrás obtener algo bueno, siempre cosecharás un fruto negativo.

Por ejemplo, si tu jefe o un compañero de trabajo te hacen algo con lo que no estás de acuerdo y, en lugar de pararte firme y declarar que eso no te volverá a ocurrir ni en el trabajo ni en ningún otro lugar porque eres una mujer fuerte, afirmas: "Tengo derecho a enojarme. Voy a defenderme y esto no me lo vuelve a hacer nunca más. ¡No voy a permitir que me tomen por tonta!"; estás eligiendo sembrar palabras que traen pelea, separación y más indignación. ¿Por qué? Porque no han sido plantadas en la autoestima, sino en el enojo. La ira por la injusticia que recibiste de parte de ese compañero o jefe te cegó el entendimiento y ahora te mueves en el ego, en el *yo*. Incluso deseas que le vaya mal a la persona que te hizo eso. ¡Mira hasta dónde te puede llevar el enojo!

Tú y yo podemos sembrar enojo y cosechar destrucción pero esa reacción, frente a lo que otro nos hizo, nos volverá resentidos.

Una persona enojada es alguien que está enfocado solo en sí mismo, que siempre quiere ser el protagonista, y la única manera que encuentra de estar en el centro de la escena es explotando, ya que así todo el mundo le presta atención.

Una mujer me contó: "Cuando mi marido llega del trabajo enojado, en casa, todos guardamos silencio. Nos sentamos a la mesa tensos y cenamos sin decir una sola palabra". Esta es la única forma en la que muchas personas que están disgustadas logran llamar la atención y tener protagonismo.

La persona enojada que constantemente les expresa su malestar a los demás es alguien que necesita tener protagonismo, y la única manera de lograrlo que conoce es a través de la ira. Por eso se niega a perdonar y dar vuelta a la página.

Los síntomas del enojo constante

Cuando nos enojamos, nos cambia el semblante. Perdemos el brillo en el rostro que solíamos tener y por el cual la gente nos reconocía. Tal vez te ha pasado que un día llegaste al trabajo molesta y un compañero, o tu jefe, te dijo: "¿Qué te ocurre? ¡Qué cara tienes!". El enojo te hace ver distinta y se percibe inmediatamente en el semblante.

Otra característica de alguien que está enfadado es que dejan de importarle las demás personas y lo único que le interesa es mostrar su rabia. Por eso, es capaz de gritarle a su jefe o a sus compañeros, y hasta puede llegar a insultar a alguien en la calle. Si le llaman la atención porque está en un lugar público, responderá: "No me importa nada. ¡Que me escuche todo el mundo!". Su bronca es más importante que las personas que están alrededor. Lo único que cuenta es lo que a él o ella le ocurre.

Cuando actuamos desde la ira, le cerramos la puerta a la razón, porque solemos pretender que todo se haga como nosotras queremos, a nuestra manera. "Si yo fuera el jefe, aquí las cosas se harían de manera muy diferente", aseguramos en el trabajo. No estamos en esa posición ni sabemos lo que implica ocuparla, pero queremos ser protagonistas y todos los demás tienen la obligación de escuchar nuestras protestas.

Querida mujer, está permitido enojarte de vez en cuando, pero recuerda: la bronca que no cesa te daña emocionalmente, te lleva a involucrarte en peleas y discusiones con tus compañeros y aun con tus superiores, a riesgo de quedarte sin empleo o, si eres empresaria o la dueña, quedarte sin empleados. En resumen, te guía hacia la discordia.

Además de cambiarle el semblante y dejar de importarle los demás, cuando una persona está enfadada, deja de ser productiva. Por mucho que trabaje y se esfuerce, nunca está satisfecha con sus logros y jamás puede disfrutar del fruto de su labor. Por eso, es fundamental que te alejes del enojo. ¿Cómo? Veamos:

Lo primero que necesitas hacer es reconocer que estás molesta. Si tú misma no te das cuenta, escucha a quienes tienes alrededor cuando te comentan: "Tienes cara de enojo. ¿Qué pasa?". Una vez que reconozcas lo que estás sintiendo, debes determinar la causa.

En todas las charlas que doy semanalmente y cuando viajo alrededor del mundo, así como en los cientos de correos que recibo todos los días, observo que las mujeres guardan una gran angustia y preocupación a causa de aquellas emociones que les cuesta poner en palabras: sus rostros suelen mostrar lo que sus voces no pueden expresar. Estos son algunos motivos de enojo que han compartido conmigo:

* "Me enojan las injusticias"
* "Me enojan las mentiras"
* "Me enoja que el padre de mis hijos no me pase la cuota alimentaria"
* "Me enoja que mi familia actúe a escondidas como si yo fuera a pedirles algo"
* "Me enoja que mis amigas me traicionen"
* "Me enoja no poder soltar la carga que me hace daño"
* "Me enoja el maltrato a los animales. Y me enoja tanto que empecé a detestar a la humanidad"
* "Me enoja la falta de empatía"
* "Me enoja mucho que mis hijos no estudien ni trabajen"
* "Me enoja que mi pareja no saque la basura"
* "Me enoja llegar a casa del trabajo y que todo esté sucio y desordenado"
* "Me enoja que, después de trabajar tanto, el salario no me alcance para vivir"

* "Me enoja que a los gobernantes no les importe la gente humilde"
* "Me enoja que algunas personas vivan juzgando a los demás"
* "Me enoja que invadan mi privacidad"

Todos nos molestamos y, muchas veces, descargamos ese sentimiento de manera negativa. Un ejemplo típico de ello es comer de más. En este punto, es importante que recuerdes que la descarga nunca debe ser en tu contra, sino a tu favor. Enfadarse no es malo cuando la situación lo amerita, el problema es qué hacemos con ese enojo.

Y aquí está la respuesta: transfórmalo en algo constructivo. Si te enoja el maltrato que recibes en tu trabajo, elije repartir perdón y sé amable con todos. Porque si tratas mal a tu jefe o a tu compañero/a, estarás haciendo lo mismo que ellos y habrás permitido que tu corazón se corrompa. Te trataron mal, sí, pero tú tienes libertad para elegir otra forma de actuar porque en tu corazón hay amor. Quizá a ese otro no le agradas, pero eso no es asunto tuyo. ¡Quiebra ese acuerdo que hiciste en tu interior y ya no guardes enojo en tu corazón!

Recuerda desterrar ese mito que le pone freno a tus emociones: ¡siéntete libre de expresarlas! Una mujer tiene prohibido enojarse porque, cuando lo hace, es "una histérica", está "pasando un mal momento" o es "la mala de la película". En cambio, cuando un hombre expresa su enojo, es porque está preocupado o tiene mucho trabajo. A él se le excusa estar enojado; sin embargo, todos tenemos derecho a expresar nuestras emociones y, una vez que nos secamos las lágrimas, podemos seguir adelante y conquistar nuestros anhelos.

Cambiar la atmósfera laboral

Seguro, alguna vez, te ha pasado esto: comienzas tu día con energía, motivada y, cuando llegas a tu lugar de trabajo, todo se viene abajo porque ahí te reciben rostros deprimidos, un jefe iracundo, malas contestaciones. ¡Los minutos se vuelven eternos y no ves la hora de salir de ese lugar! El hecho es que en un ambiente donde todo el mundo se queja, uno acaba por volverse quejoso; en un lugar donde medio mundo critica a la otra mitad, uno acaba volviéndose crítico.

Hoy en día, la violencia abunda por todas partes. Pero, además de esta realidad que no podemos negar, cada sitio que visitamos tiene una atmósfera especial en cuanto a emociones se refiere. ¡A veces hasta podemos detectarla con el olfato! Por lo general, percibimos los distintos ambientes tanto en un grupo familiar como en uno laboral.

¿Qué ocurre cuando pasamos mucho tiempo en medio de un espacio cargado de negatividad? Que nos envuelve y pasamos a formar parte de esa atmósfera que estaba establecida. Un claro ejemplo sería encontrarnos con un grupo de personas que están ofendidas entre sí por alguna razón y no se dirigen la palabra. Aunque no nos demos cuenta, es probable que nosotras también nos disgustemos por algo y no hablemos con nadie. Lo mismo sucede con ambientes emocionales donde la gente está triste, deprimida, amargada, llena de rencor, etc. Casi siempre terminamos sintiendo la misma emoción que impera en ese sitio.

Ahora bien, podemos hallar una atmósfera ya establecida en cualquier parte, pero no necesariamente debemos ser contagiados por la emoción reinante. ¿Cómo es posible? No temiéndole a lo que ocurre allí. También es importante no emitir juicio ni críticas acerca del comportamiento de los demás, porque eso implicaría sentirnos superiores. La actitud ideal ante un clima negativo es determinarnos a transformarlo a través de nuestra sola presencia.

Un ambiente especial se percibe, generalmente, ni bien llegamos al lugar, durante los primeros minutos, y lo establece quien ocupa el rol de líder. Así es que, si nos convertimos en líderes, podemos ir a un lugar donde, por ejemplo, hay violencia y darle un giro a la situación. Esto se logra sencillamente pensando: "Yo establezco la paz en este lugar". Los seres humanos somos capaces de liderar en cualquier lugar donde estemos.

Al ofrecer la actitud opuesta, tú y yo poseemos la capacidad de transformar cualquier atmósfera negativa. Allí donde todos pelean, podemos transmitir paz; donde todos sufren emocionalmente, podemos ofrecer nuestras ideas, nuestra alegría; donde todos están divididos, podemos llevar unidad. Si vas a un lugar donde todos gritan, dirígete a ellos en voz baja. Si donde estás todos quieren hacerse notar, ponle a eso un perfil bajo. Cuando alguien esté molesto contigo, busca la forma de hablar del problema personalmente. Frente a gente egoísta, muéstrate generosa. Únicamente a través de la paz podemos aplacar un clima violento, tan común en la actualidad. Somos nosotras quienes tomamos la decisión de no formar parte de él y transmitir lo contrario. En cuanto de ti dependa, brinda siempre la actitud opuesta a aquello con lo que te topes en cada lugar. Un solo individuo basta para cambiar la atmósfera reinante por completo. ¡Atrévete a ser esa persona!

Eres capaz de establecer otra atmósfera. Puedes decidir qué tipo de ambiente reinará en tu lugar de trabajo: si será de discusión y división, o de armonía y unión.

El valor de la mujer en la empresa

Muchas mujeres le dan más valor a lo que opina un hombre que a las ideas de otra mujer. Tal vez sí le presten atención a la que ocupa un cargo de mayor jerarquía que el suyo, pero no apreciarán su criterio, incluso cuando les diga exactamente lo mismo que su contraparte masculina. Esta es la razón por la que suele suscitarse la competencia entre nosotras, algo que, por cierto, resulta altamente tóxico.

¿Por qué actuamos así? Porque a muchas nos enseñaron desde pequeñas que "la palabra de un hombre" tiene poder y autoridad, mientras que la nuestra no vale nada. A esta actitud se le conoce como *machismo femenino* y es encabezada por mujeres que no están dispuestas a tener como líder o jefa a otra mujer. Estas son sus principales razones:

* **Hay competencia entre ellas.** Se resienten frente al liderazgo de otra mujer porque perciben el poder de esta como algo negativo. Se ponen celosas porque tiene acceso a la autoridad y se preguntan cómo consiguió alcanzar esa posición. Como resultado, minimizan el logro y expresan criterios como: "Vaya uno a saber cómo hizo para llegar a ese puesto..." o "Sí, es líder, pero no cuida bien a su familia". No aceptan que otras mujeres tengan acceso a eso que todas anhelamos: ser poderosas.
* **Hay una desvalorización personal que trasladan a otras mujeres.** Tienen un pobre concepto de sí mismas y, como consecuencia, también de las demás. Este es un pensamiento típico de estas mujeres: "Apenas puedo conmigo misma, así que ¡ella tampoco podrá conmigo!".
* **Hay hombres que subestiman el liderazgo de las mujeres.** En algunos casos, ciertos hombres, al ser liderados por una

mujer, sentirán que ella es "su madre" y los puede castigar en cualquier momento como solía hacerlo esta. Quien piensa así tiene un modelo de mujer limitado, basado en el de una madre con un rol específico: criarlo y regañarlo cuando no se porta bien. Hay algunas que adoptan actitud de "maestras" y así se comportan con ellos, que están a la espera del reto, pero, en el fondo, no lo toleran. Muchos hombres, además, perciben a la mujer como "el sexo débil" que a menudo llora, se deprime, se angustia y no sabe administrar sus emociones. Y, ¿sabes qué?, esto no es verdad. En realidad, nosotras estamos más en contacto con lo que sentimos porque desde niñas nos han permitido expresar nuestras emociones y eso es algo muy positivo.

* **Toda su experiencia es cuestionada.** ¿Por qué la mayoría de los hombres aprenden a conducir un auto antes que nosotras? La razón no es una cuestión de aptitud, pues ambos sexos somos igualmente capaces, sino más bien la falta de oportunidades. Por mucho tiempo, la cultura y las costumbres indicaron que la mujer siempre tenía que desenvolverse en el ámbito privado y el hombre en el mundo público. El universo de ella se limitaba a la casa y al cuidado de la familia, mientras tanto, a él, el espacio público le brindaba una gran cantidad de oportunidades que le eran negadas a la mujer, como la posibilidad de aprender a conducir un automóvil. También tenemos el caso de muchas mujeres a las que ningún papá o mamá motivaba a estudiar —sí lo hacían en el caso de los hijos varones—, pues se suponía que se quedarían en la casa, criando a los hijos y haciendo las labores domésticas. En nuestra generación, gracias a Dios, las cosas han cambiado y las oportunidades se abren para ambos sexos, aunque todavía hay mucha tarea por hacer. Por ejemplo, aunque se trabaja para lograr la igualdad,

sabemos que hay menos mujeres que hombres en ciertos puestos jerárquicos. Asimismo, hay muchas féminas percibiendo un sueldo menor que su contraparte masculina por trabajar la misma cantidad de horas y llevar a cabo idénticas tareas. Por otra parte, en ciertos cargos, ellas tienen que demostrar con bastante frecuencia su capacidad mucho más que un hombre, por el solo hecho de ser mujeres. Algo similar sucede con respecto a la autoridad. Muchas féminas acceden a ella después que los hombres. No existen demasiados antecedentes de "ellas al poder", pero sí una enorme falta de experiencia. Por esta razón, suelen controlarnos, evaluarnos y presionarnos mucho más en espera de que le mostremos al mundo de qué somos capaces.

Debemos mencionar, además, que la mujer a menudo cede su espacio de autoridad debido a un paradigma albergado en su interior que le dice: "Lo haces a la perfección o no lo haces". Muchas veces abandonamos no por no tener capacidad, sino por la presión que recibimos para que todo lo hagamos bien y no seamos avergonzadas.

Si bien no hay todavía un amplio reconocimiento de la capacidad intelectual femenina, hoy sabemos que somos mejores estudiantes en las universidades que los hombres e incluso más responsables que estos en la entrega de trabajos. Gracias a toda una generación que luchó por el reconocimiento de nuestras capacidades y derechos, estos conceptos anacrónicos están modificándose. Poco a poco, hombres y mujeres empezamos a desenvolvernos por igual tanto en el mundo privado como en el público.

No sé cómo lo logró

¿Sentiste envidia alguna vez por un cargo o puesto laboral que querías ocupar y se lo ofrecieron a otra persona? Pensaste que con el esfuerzo que habías hecho te lo iban a dar, pero no sucedió. Quizá se lo otorgaron a alguien que, en tu opinión, no se había esmerado de la misma manera… Así es como una serie de pensamientos comienzan a generar esta emoción que solo termina lastimando a quien la siente. La envidia es una emoción hiperdestructiva que todos hemos sentido en algún momento. Del mismo modo, todos hemos sido envidiados, porque cada uno de nosotros tiene algo que alguien más desea.

La envidia es un proceso que comienza cuando **nos enfocamos en la vida del otro** en vez de concentrarnos en la propia. Miramos al otro en lugar de centrarnos en nuestro propio crecimiento, en nuestras propias decisiones y conquistas. Luego, después de tanto dirigir nuestro foco a su vida, **empezamos a desear lo que él tiene.** Decimos, por ejemplo: "¡Cómo me gustaría tener ese puesto!", "¡Qué lindo sería tener mi propia empresa como lo logró mi amiga!". Este proceso continúa con el **deseo de destruir** lo que esa persona posee: como no soportamos que ella lo tenga y nosotras no, buscamos arruinarle la experiencia.

La envidia es una **declaración de inferioridad e inmadurez.** Es común que aparezca en la infancia, de modo que, cuando sientes esta emoción, te transformas en una niña indefensa, en una persona inmadura.

Las emociones estrechas también te esclavizan. Cuando convives con los celos o estás la mayor parte del tiempo enojada, de mal humor, comparándote con otras personas, esas emociones te esclavizan. Si tu mente está atada a esos sentimientos, no puedes ser una persona amplia. Por el contrario, cada día te achicas más, tu mundo emocional se hace pequeño.

Los celos, la envidia, la crítica te convierten en una persona triste, opaca, resentida por el éxito y el progreso de otros. Te quitan la felicidad porque te hacen vivir en esclavitud. Por eso, cuando sientas esta emoción, detente y reflexiona: "¿Cuál es el origen de esta presión: la envidia, el miedo de otros o mi propio miedo?". Y cuando lo descubras, toma la determinación de extraer tu potencial para ir tras todo aquello que quieres alcanzar. Es tiempo de dejar de mirar al otro y volvernos hacia nosotras mismas. Eso que estás esperando, si te dispones a alcanzarlo, llegará.

Tips para llevarte bien con tu jefe y tus compañeros de trabajo
* * *

1. *Si tienes un cargo jerárquico*, no te conviertas en el líder autoritario que tanto te disgustaba cuando no tenías poder.
2. *Sé humilde.* Mantente siempre abierta a aprender de los demás.
3. *No compitas*, supérate a ti misma.
4. *No hay nada malo en enojarse de vez en cuando.* Lo que sí debes evitar es mantener ese enfado en el tiempo.
5. *Perdona rápidamente*, no siembres semillas de pelea, separación y contienda.
6. *No le desees el mal a nadie*, aunque la persona haya sido injusta contigo. Rehúye ser una mujer vengativa.

Tiempo de reflexión

Tómate unos minutos para analizar tu conducta respecto a tus compañeras de trabajo. ¿Te exiges a ti misma o a las personas de tu mismo sexo un esfuerzo mayor que a los hombres? ¿Has normalizado maltratos cotidianos que sufren tú y tus compañeras por parte de jefes u hombres en posición de autoridad? ¿Has pensado —o incluso comentado— que una compañera obtuvo su cargo mediante actitudes promiscuas? ¿Te has comportado de manera excesivamente perfeccionista con tu labor o la de tus subordinadas mujeres?

El machismo está enquistado en nuestra cultura, lo sabemos, pero es preciso que entendamos que, a veces, las mujeres somos más machistas que los hombres. Es tiempo de revertir esta conducta y volvernos más solidarias con nuestras hermanas.

Capítulo cinco

Cómo me llevo con mis amigos

¿Eres de las mujeres que se someten a sus amistades para no pelear? ¿Prefieres darle la razón a tu amiga para evitar una discusión? Todos tenemos criterios formados porque nos hemos capacitado o adquirido conocimientos en la escuela, en la universidad, en cursos o a partir de vivencias cotidianas. Por ejemplo, en la primaria nos enseñaron que la Tierra es redonda. Entonces, si alguien viene a decirnos ahora que es plana, nosotras aseguramos lo que aprendimos en la escuela. Conocimiento, experiencias, enseñanzas, todo queda registrado en nuestra mente y da forma a nuestras opiniones.

Cuando nos relacionamos con otras personas, sobre todo con las amistades que hemos elegido, nos enriquecemos porque escuchamos lo que ellas saben, lo que aprendieron y lo que piensan de una determinada situación. Es así, escuchando argumentos, como nos vamos enriqueciendo.

Evaluar el razonamiento de nuestros amigos nos puede llevar incluso a cambiar de opinión a lo largo de la vida porque maduramos y aprendemos de otros que han sido especialmente capacitados en diferentes áreas. Por supuesto, las opiniones de los demás, o sus conocimientos, pueden influirnos, pero no nos definen. Nuestras amistades pueden enriquecernos con sus conocimientos, aprendemos de ellas, sumamos nuevos puntos de vista, pero somos nosotras mismas, con base en nuestras evaluaciones personales, quienes determinamos cuál es nuestra posición sobre determinado asunto. Ahora bien, a lo largo de la vida podemos cambiar de opinión porque estamos en continuo crecimiento. La amistad nos enriquece pero no nos determina porque es una misma, con su libertad, la que decide qué creer y qué no, qué cambios hacer y cuáles no. ¿Cuáles son las causas que sí nos hacen cambiar de parecer y modificar lo que pensamos de un tema? Analicemos las cuatro razones más comunes:

* *Porque crecemos y nos permitimos cambiar.* Si un amigo ha recibido un Premio Nobel de Medicina y se toma el tiempo para explicarnos algo, seguramente no lo cuestionaremos. Simplemente, escucharemos atentamente y aprenderemos de él. Por otra parte, con excelentes fundamentos, también tendremos la oportunidad de modificar el pensamiento que teníamos antes sobre un tema determinado. ¿Por qué? Porque nos enriquecemos con el conocimiento de alguien que es experto en el tema. Pero atención, ¡no todo el mundo es un Premio Nobel!

* *Por inseguridad.* Hay mujeres que cambian de parecer todo el tiempo porque son inseguras. Creen que sus amigas saben más que ellas, tienen más capacidad y mejor criterio para decidir, etc. Y se someten a la opinión de los demás. Se vuelven vulnerables a lo que cualquiera les diga, ya sea un conocido o un desconocido, porque le creen a todos.

* *Para cuidar nuestra imagen.* En ciertas oportunidades, amoldamos nuestras ideas con el único objetivo de cuidar nuestra imagen. No queremos quedar mal, entonces, para no desentonar con nuestras amistades, nos decimos: "Bueno, opino esto, pero ahora que estoy hablando contigo, pienso otra cosa".

* **Para que concuerden con nuestras metas.** También podemos cambiar de opinión porque perseguimos un objetivo mayor en la vida y este hace que lo que antes lo veíamos de una forma hoy lo veamos de otra.

* **Para no pelear.** A veces creemos que el otro es más fuerte que nosotras, que tiene mejores argumentos, que nos va a ganar y, para evitar una pelea, preferimos no decir nada u opinar de otra forma en lugar de defender lo que pensamos, lo que creemos: nunca sabrás el poder que tienes hasta que empieces a usarlo. Por eso, lo primero que debemos hacer es conocernos, descubrirnos. No obstante, muchas mujeres que sí se conocen a sí mismas a veces piensan: "¿Cómo voy a decir que me motiva hacer tal cosa?, ¿cómo explico que eso me hace sentir libre, feliz, rejuvenecida?". No tengas vergüenza, a cada una de nosotras nos motivan cosas diferentes. Por ejemplo, quizá a ti te motiva dormir y crees que, si lo dices, la gente va a pensar que eres una holgazana. Sin embargo, eso no es así, porque cuando duermes recuperas fuerza, energía, y tal vez por eso necesitas dormir más tiempo que el resto de las personas. ¡¿Y cuál es el problema?!

Descúbrete: tienes que ser una especialista en ti misma. No son los demás los que dicen qué debes hacer o qué te tiene que gustar. Eres tú quien tiene que saber, específicamente, qué te motiva, qué te divierte, qué te desagrada.

> *Puedes pensar distinto. Tu pensamiento no tiene*
> *por qué coincidir con el de tus amigos.*
> *No estamos obligados a pensar igual.*

Mi amiga me desilusionó

¿Alguna vez te ilusionaste con una nueva amiga? Seguramente sí, porque todas, en algún momento, nos hemos entusiasmado con algo o alguien. Lo cierto es que, cuando nos forjamos ilusiones, tenemos altas expectativas respecto a esa persona, ese empleo, ese viaje. Nos emocionamos pensando que va a ser de tal o cual manera, que va a pasar esto o aquello. Sin embargo, cuando esas expectativas no se cumplen, nos sobreviene la desilusión y, muchas veces, también, la apatía.

"¿Por qué me traicionó?", esta es la pregunta de la desilusión. "¿Por qué no me acompañó cuando lo necesitaba?", "¿Por qué me cambió por otra amiga?", "¿Por qué no me prestó dinero cuando lo necesité si era mi mejor amiga?". Debes saber que no dependes de la ayuda de nadie. Si esa persona que consideraste amiga te falló, otra persona seguramente lo hará. Aquí lo importante es que sepas que tú te comportaste como debías, fuiste una amiga leal. Si la ayuda que necesitas depende de otra persona, ten la certeza de que esta seguramente aparecerá en tu vida y, si no es así, podrás usar todos tus recursos propios para resolver esa dificultad. No siempre los seres humanos somos justos. Si esa persona que consideraste amiga te falló, quizá lo harán otras tantas.

Nunca dejes de extenderle la mano a quien lo necesita.

Cuando nos ilusionamos, juntamos todas nuestras fuerzas para ir detrás de un objetivo. La desilusión es la pérdida de la esperanza, es no poder conseguir ese objeto tan querido o aquello en lo cual pusimos todas nuestras fuerzas. Es perder la ilusión.

Hay ilusiones que se transforman en desengaños porque pretendemos que nuestras expectativas sean también las del otro. Por ejemplo, tienes la esperanza de que tu amiga vaya contigo a vacacionar al Caribe, pero a ella no le gusta la playa, prefiere la montaña o la nieve y rechaza tu idea. Dicho de otro modo, tu amiga no comparte tu expectativa. Entonces, ¿te desilusionó realmente?, ¿por qué se tenían que cumplir tus planes? Para no tener fricciones con tus amigos, tienes que recordar que no debes imponerles tus ideas a los demás.

A lo largo de los años he visto a muchas mujeres que **construyen solas**: siguen haciendo planes con el otro aunque este no quiera ser incluido. Dicen: "Quiero forjar una amistad sólida con esa compañera de trabajo", pero como esa persona no tiene la misma expectativa, deciden edificarla solas. Cuando, finalmente, la amistad no se logra, afirman: "¡Me desilusionó!".

En realidad, la amiga no ha hecho nada que las afecte. ¡Ellas solas han decidido reaccionar de esa manera! ¿Por qué? Porque se ilusionaron con una idea, pero no la compartieron con la otra persona. Entonces, cuando dicen: "Yo esperaba que me visitaras cuando estuve enferma, amiga, pero me sentí defraudada", están siendo irracionales porque la amiga no les ha fallado; probablemente tenía sus propios problemas y ni siquiera se enteró de que estuvo mal.

A veces las mujeres pensamos por nosotras y también por el otro, sin siquiera preguntarle cuáles son sus expectativas. Por eso, nos ilusionamos y después nos desilusionamos.

En otras ocasiones, ocurre que el otro sí comparte nuestros sueños y esperanzas, quiere lo mismo que nosotras, pero después, con el tiempo, nos decepciona. Por ejemplo, quieres conseguir empleo donde trabaja tu amiga y ella cree que, ciertamente, eres la persona ideal para ocupar el puesto disponible. Así que te promete que va a hablar con su jefe para que te dé el trabajo, pero después no lo hace y se lo dan a otra persona.

A veces nos desilusionamos por las palabras que nos dicen las personas que nos rodean. Cuando era niña y mi mamá me regalaba algo —una cartera roja, por ejemplo—, siempre le hacía la misma pregunta: "¿Había de otro color?". Un día mamá me lo hizo notar: "Cada vez que te regalo algo, me preguntas si había de otro color". Fue entonces que me di cuenta de que me gustaba tener opciones, quería elegir por mí misma. Poder elegir siempre fue muy importante para mí.

El núcleo de la decepción tiene que ver con que, en lugar de poner las expectativas en nosotros, las estamos poniendo en los demás. Solemos creer que es el otro el que tiene que satisfacer eso que deseamos o soñamos. Pero, muchas veces, ni siquiera expresamos nuestros anhelos, pensando que el otro se va a dar cuenta o va a adivinarnos el pensamiento y nos lo va a dar como por arte de magia. Por ejemplo, esa persona que espera que, para su cumpleaños, alguien organice una gran fiesta sorpresa. Pasan los años… y nunca llega porque él o ella jamás verbalizó su ilusión. Luego están aquellos que sí expresan sus deseos, pero esperan que alguien se los conceda y, de esa manera, colocan sobre el otro toda la carga de la responsabilidad de mantenerles viva la ilusión.

En ocasiones, nos desencantamos por las palabras que nos dicen y las promesas que nos hacen las personas que nos rodean. Esto ocurre cuando confiamos más en la ayuda que nos prometen que en nuestra propia capacidad para alcanzar lo que anhelamos.

Cada vez que elegimos, hacemos uso de nuestra libertad.

Tres consecuencias de la desilusión

Muchas veces, las mujeres solemos apoyarnos en los demás —amigas, pareja, padres, hijos adultos, etc.—, pero, en lugar de buscar un sostén externo, **debemos aprender a conocer nuestro equipamiento interno** para no tener que depender de la gente. Necesitamos aprender a valorarnos, conocernos y darnos a conocer. Tenemos que dejar de escondernos en los otros y sus opiniones.

Muchas mujeres son tímidas. Como siempre se han movido en el espacio privado, el mundo público les provoca mucho temor, ya que les resulta un terreno desconocido. Entonces, cuando necesitan salir a comprar un producto, por ejemplo, no lo hacen. Su timidez se los impide. Quizá tengan baja autoestima y consideren que su forma de expresarse no es la correcta. Y esto tiene que ver, probablemente, con una deficiencia en su valoración personal.

¿Cómo podemos confiar más en nuestro interior, en nuestras capacidades y herramientas internas? Por ejemplo, si no me atrevo a ir a un lugar sola, puedo pedirle a una amiga que me acompañe. Comencemos con el ejercicio de salir, en primer lugar, a sitios conocidos, cerca de casa. Puedo atreverme a ir a tomar un café sola y a hablar con quien está sentado en la mesa de al lado. De esta manera, me daré cuenta de que, a medida que lo hago, me voy soltando cada vez más. También puedo entrar en un negocio y atreverme solo a mirar los productos, aunque no compre nada.

No permitas que los demás elijan la vida que vas a vivir, porque hay fuerzas dentro de ti y, cuando reconozcas tu potencial interior, saldrás adelante en cualquier situación.

Necesitamos elevarnos por encima de lo que vemos y oímos para no enfocarnos en los demás y terminar desilusionadas. Todo lo bueno que estás esperando para tu vida ya está preparado, solo es preciso que te atrevas a ver un poco más allá. Eso significa superar tus limitaciones. Todos tenemos limitaciones, pero no límites. Siempre podemos extendernos un poco más cada día. No pienses que necesitas un gran esfuerzo para lograr algo: basta un pequeño esfuerzo y felicitarte por cada paso dado porque te acerca un poco más a la meta. En eso consiste el ver un poco más allá.

La ilusión puede ser un excelente motor, al igual que la esperanza. Pero siempre nos tiene que encontrar moviéndonos hacia el logro. Si esperamos, desesperamos. Porque la gente no es Papá Noel para traernos todo lo que queremos y bajarlo por la chimenea. Tenemos que verbalizar nuestras ilusiones y decirle a los demás qué es exactamente lo que nos gustaría experimentar, para que ese sueño se materialice.

Por otro lado, es importante saber que hay ilusiones que no se concretarán porque quizá las condiciones actuales no son propicias o porque esperamos que las cumpla alguien que no tiene el más mínimo interés en hacerlas realidad. ¿Cómo se supera esto? Redefiniendo lo que queríamos. Por ejemplo, alguien que desea ser modelo de alta costura a los sesenta años, pero nadie la llama para estar en las pasarelas, debe redefinir su visión: convertirse en una mujer de sesenta años con gran elegancia y trabajar para lograrlo. La ilusión sigue estando, pero ahora existe la posibilidad de alcanzarla. Así no coloca la carga sobre nadie y no sobreviene la desilusión.

¿Qué sucede si pusimos la ilusión en nosotras mismas y no lo logramos? Debemos apreciar lo que sí conseguimos y jamás desilusionarnos. Saber que somos capaces de esto, pero de aquello no. Felicitarnos por lo que hicimos hoy y ver si más adelante, contando con más recursos, podremos lograr lo que falta.

Cuando son los demás quienes nos desencantan, nos demuestran que no debemos poner altas expectativas en nadie. ¡Nadie es Dios! Solo Él nos puede dar lo que nuestro corazón desea todo el tiempo. ¡Permitámosle a Él ser Dios y a la gente, ser humana! Y recordemos que todos podemos levantarnos de una desilusión, sobre todo, cuando comprendemos que hay vida luego de una frustración. Y una muy buena vida.

La riqueza y la sabiduría están dentro de cada una de nosotras, no en las acciones o palabras de quienes nos rodean. Por eso, debemos pasar más tiempo mirando hacia nuestro interior, para descubrir quiénes somos y de qué somos capaces. Si cada día de tu vida te enfocas en lo que dice tu mejor amiga (aunque te lo diga con buena intención) o en lo que dice el noticiero, seguramente, en algún momento, sentirás que todo es un desastre y, tal vez, termines desilusionada.

¿Qué nos sucede a las mujeres cuando nos desilusionamos? Veamos:

1. *Cambiamos nuestras emociones hacia el afuera*

En ciertas oportunidades, cuando las personas nos desilusionan o las circunstancias nos golpean duramente, modificamos a modo de defensa la manera en que a partir de entonces nos mostraremos al mundo. Así, una mujer que antes era alegre, divertida, extrovertida, luego de vivir una traición, por ejemplo, se convierte en una persona angustiada, enojada, malhumorada. Fue engañada, y a causa de este dolor, decidió no creer más en nadie. Sus amigas, con quienes ayer disfrutaba, hoy se preguntan qué le pasó. Una circunstancia adversa provocó el cambio, la mujer se replegó hacia adentro y cambió radicalmente su actitud hacia el exterior. Si bien es cierto que se la ve angustiada, desganada, triste, internamente ella sigue siendo la misma que era antes de ese dolor en su vida. En su interior todavía es alegre, extrovertida, amigable y, ciertamente, conserva todas las herramientas que necesita para seguir adelante.

Quizá te veas distinta, pero debes saber que sigues siendo tú. Eres una mujer fuerte, valiente, capaz de alcanzar tus objetivos.

Tu identidad es quién eres, y eso no cambia.
La personalidad, en cambio, es cómo expresas tu ser,
y puede modificarse de acuerdo a las circunstancias.

Recuerda: ya sea que tengas éxito o que fracases, ¡tu identidad siempre seguirá siendo la misma!

Siéntete orgullosa de quien eres, en las buenas y en las malas, porque tu esencia, tu identidad, nunca cambia. Por eso, **cuando estés mal,** cuando tengas ganas de llorar, no olvides que has sido creada maravillosa, fuerte, capaz y tienes las mismas capacidades, sueños y virtudes **que en los días en que estás bien y tienes éxito.**

2. *Nos volvemos apáticas*

Otra de las consecuencias de la desilusión, como mencionamos, es la apatía. Una mujer apática dice: "Envié los currículums, pero ya no me ilusiono más con un trabajo, no me importa si me llaman o no". La apatía te estanca en el mismo lugar por siempre, sin poder desarrollar nada de lo que hay en tu interior. Esta es la razón por la que, sean cuales sean tus circunstancias actuales, tienes que seguir creyendo que lo mejor está por venir.

En un día muy caluroso, una zorra sedienta se topó con un racimo de uvas grandes y jugosas que colgaban en lo alto de una parra. La zorra se paró de puntillas y estiró sus brazos intentando alcanzar las uvas, pero estas se encontraban muy lejos de su alcance.

Sin querer darse por vencida, la zorra tomó impulso y saltó con todas sus fuerzas una y otra vez, pero las uvas seguían muy lejos de su alcance.

Esta vez, la zorra se sentó a mirar las uvas con desagrado.

—Qué ilusa he sido —pensó—. Me he esforzado en alcanzar unas uvas verdes que no saben bien.

Y se marchó muy, pero muy enojada.[5]

Moraleja: a veces nos desilusionamos porque no queremos esforzarnos.

3. *Nos volvemos negativas*

La tercera consecuencia de la desilusión es la negatividad. Cuando entra en tu vida, empiezas a decir todo lo que no deseas que te pase: "No quiero engordar", "No me quiero resfriar", "No quiero pedir más dinero prestado", "No quiero ver a nadie". Es importante que hablemos en positivo y declaremos lo que sí queremos que nos pase: "Quiero tener un cuerpo sano y esbelto", "Quiero que mi salud sea óptima", "Quiero disfrutar de autonomía financiera", "Quiero tener más vida social".

Ciertamente, la vida te va a traer muchas desilusiones, incluso, de parte de tus amigos más íntimos; no obstante, jamás debes dejar a un lado tus sueños, porque no hay nada peor que perder la esperanza. Te vas a ilusionar, ¡claro que sí!, pero te mantendrás firme, sabiendo que, pase lo que pase, cuentas con los recursos para superar cualquier circunstancia.

¿Por qué todavía no me ha pasado?

¿Alguna vez te comparaste con una amiga y dijiste: "Mira, ella ya tiene pareja, ya tiene auto, ya viajó por el mundo, ¡y yo aquí, sin novio, en bicicleta y sin un trabajo rentable!"?

Cuando comparas tus logros con los de otra persona y dices frases como la anterior, lo que en verdad estás haciendo es **apropiarte de los objetivos del otro.** De este modo, empiezas a vivir

---

[5] Inspirado en la fábula *La zorra y las uvas,* atribuida a Esopo y recontada por numerosos autores, entre ellos, Félix María Samaniego. Recuperado de <https://arbolabc.com/fabulas-para-ni%C3%B1os/la-zorra-y-las-uvas>.

a través de sus propósitos y, si esa persona alcanzó determinada meta, sientes que tú también tienes que alcanzarla. Esto te lleva a olvidar tus propias aspiraciones para perseguir las de alguien más. Por ejemplo, piensas: "Todas mis amigas ya tienen pareja, ¡y a mí los hombres no me mandan ni una invitación para ser amigos por Facebook!". Tal vez no quieres tener un compañero o quizá sí, pero no quieres a cualquiera, sino que buscas un hombre con ciertas características; sin embargo, como tus amigas ya tienen uno, dejas a un lado todos tus requisitos y te vas a vivir con el primer hombre que se te cruza. Así, los proyectos de los demás comienzan a ser los tuyos y, poco a poco, vas perdiendo tu horizonte y, lo que es peor, también tus valores.

Cuando alcanzas un propósito que no es el tuyo, que es copiado, es posible que, al principio, te sientas feliz, pero después, cuando te das cuenta de que eso no era lo que querías, lo que estabas buscando en la vida, te empieza a incomodar. Esta situación habla de falta de convicción y valoración de nuestros propios objetivos.

A veces, confiamos y valoramos más los proyectos ajenos que nuestras propias metas. En ocasiones, pensamos, por ejemplo: "Yo sigo alquilando y mi amiga, que gana lo mismo, ya tiene casa propia y un auto cero millas". En ese momento, no nos damos cuenta de que alquilamos porque la meta era que nuestros hijos estudiaran, así que invertimos el dinero en pagarles la carrera. Es cierto, no nos compramos la casa, pero alcanzamos nuestro objetivo.

Querida mujer, es tiempo de que aprendas a valorar tus sueños, el camino que estás recorriendo. No mires la vida del otro, no te compares, pero tampoco critiques los objetivos ajenos. Hay personas que como no lograron lo que querían, critican al que sí lo consiguió. Es importante que entiendas que cada uno está recorriendo su camino, y tú tienes que seguir el tuyo.

Si tienes inseguridad, si no valoras y respetas tus propias metas, te dejarás llevar por los objetivos que otros te impongan. Esa es la razón por la que debes aprender a hacer las cosas en tu tiempo y a tu manera, no a la de los demás. Si tu amiga se compró la casa en dos años, felicítala. Tú también te comprarás una casa si ese es tu objetivo, pero lo harás a tu ritmo, de acuerdo con tus recursos: sin robar ni estafar, por ejemplo. Si tienes un negocio, seguramente anhelas tener más ganancia, pero para lograrlo, no vas a bajar la calidad de tus productos, no vas a vender basura. Eso es mantenerte fiel a tus aspiraciones, tu enfoque, tus valores. Es cierto, tal vez no has conseguido aún lo que el otro ya logró, pero tú no vas a mirar los objetivos ajenos, sino que te vas a concentrar en alcanzar tus propias metas.

Amigos de la vida

La amistad surge a partir de puntos de nuestra historia que tenemos en común. Por ejemplo, estudiamos la misma carrera, ambas somos divorciadas o nuestros hijos asisten a la misma escuela y, a partir de esa coincidencia, nació la amistad. Para que este vínculo se profundice y se mantenga en el tiempo, deben existir momentos compartidos, como tiempo de estudio, ocasiones de juego o encuentros familiares: mientras más frecuentes sean las actividades que realizamos juntos, más fuerte será el vínculo que estaremos construyendo. Si tienes amigos que, por un motivo u otro, emigraron y hace mucho tiempo no ves, es importante que mantengas encendida esa amistad, aunque sea a través de encuentros virtuales.

Mantener las relaciones interpersonales es fundamental. Si bien es muy bueno tener esos amigos entrañables que están con nosotros desde siempre, lo cierto es que nuestras amistades suelen cambiar a lo largo del tiempo. Las amistades muchas veces son circunstanciales, y eso no está mal. Nos han enseñado que los amigos debían ser para toda la vida, y esta es la razón por la cual, en no pocos casos, seguimos manteniendo relación con personas que, lejos de hacernos bien, nos dañan. Necesitamos aprender a elegir las personas con las que nos vinculamos. Hay ciertas personas que nos acompañarán en una etapa de la vida y otras que lo harán en otra, eso dependerá de las circunstancias que nos toque atravesar.

Existen amistades que duran toda la vida, personas que estarán siempre con nosotras, en los momentos buenos y en los malos, mientras que otras son más débiles y están apoyadas únicamente en un conocimiento superficial y, cuando las crisis pasan, cada uno toma su camino. Es en ese momento que nos damos cuenta que no eran relaciones establecidas sobre raíces fuertes. Lo verdaderamente importante es, como dijimos, que siempre cultivemos las relaciones interpersonales, algunas serán de amistad y otras no, porque tendrán que ver con nuestro crecimiento.

Tips para llevarte bien con tus amigos

* * *

1. *Al hablar de ciertos temas en los que opinas diferente, prioriza siempre el vínculo de amistad.* No pelees, no busques imponer tu opinión. Recuerda que el respeto es la base de cualquier relación y que una persona segura es capaz de aceptar diferentes maneras de pensar sobre un mismo tema.

2. *No les impongas a tus amigos la obligación de cumplir tus expectativas.* Al plantear una meta, asegúrate de compartirla con quien esperas que te acompañe y que esa persona tenga las mismas expectativas que tú. ¡No construyas sola!

3. *Tus amigos son tu red de contención, no tu sostén permanente.* Trabaja en descubrir quién eres y de qué eres capaz, en fortalecer tu estima y reconocer que eres sabia y capaz en lugar de depender de los demás, porque cuando te fallen —y seguramente lo harán, todos fallamos—, te sentirás desilusionada y querrás romper el vínculo de amistad.

4. *Nunca te compares con nadie, ni siquiera con tus mejores amigos.* Recuerda que la comparación te lleva a olvidar tus objetivos para adoptar las metas ajenas. Respeta tus ideas, tus prioridades y camina la vida a tu propio ritmo.

5. *Si todavía no has alcanzado tus metas, no critiques las de tus amigos.* Cada uno de nosotros sigue su propio rumbo, ¡y tus amigos y amigas tienen el suyo!

Tiempo de reflexión

La amistad es una de las relaciones de afecto más maravillosas, por lo que es importante que no pierdas tus amigos. Pregúntate si últimamente los has irritado con críticas o tratando de imponer tus ideas. Si es así, discúlpate con ellos y exprésales cuán valiosa es su amistad para ti.

Para evitar compararte, debes concentrarte en tus objetivos. Haz una lista de cinco metas que anhelas alcanzar a corto o mediano plazo. En cada caso, anota los pasos que tienes que dar para lograrlas. A medida que escribes, enfócate en descubrir qué característica de tu personalidad, recurso o valor deberás sacar a la luz a fin de ir avanzando hacia ellas.

Capítulo seis

Cómo me llevo con las personas que agotan mi paciencia

Hay personas que nos agotan la paciencia. ¿De qué manera actuamos, tradicionalmente, cuando una persona es conflictiva, siempre busca pelea y nos agobia? Veamos:

1. Evitamos el conflicto

"No quiero tener problemas con ella, así que mejor no le hablo, no discuto, no la enfrento, no reacciono", decimos. Así, experimentamos lo que se conoce como *la parálisis del conejo*. Este síndrome hace referencia a la actitud de los conejos cuando cruzan la carretera en el momento en que viene un vehículo de frente y los encandilan con las luces. Estos animalitos, en lugar de correr y huir, se paralizan, razón por la cual terminan siendo atropellados.

Muchas veces, cuando estamos frente a ciertas personas, sentimos que se nos viene encima un camión y no podemos huir, no podemos hablar, ni hacer nada frente a eso. Existen personas que constantemente evitan el conflicto. Se trata de gente evitativa que, de tanto eludir el conflicto, se termina enfermando.

2. Soportamos

Soportar implica someter nuestro deseo. Ahora bien, podemos soportar algo para obtener un bien mayor. Por ejemplo, soportamos a un jefe malhumorado porque necesitamos el empleo para mantener a nuestros hijos, soportamos a un profesor pensando que el esfuerzo va a valer la pena: "Lo voy a aguantar solo unos meses más porque ya casi me gradúo", o podemos hacerlo simplemente por tener una actitud infantil. En este caso, soportar implica ir acumulando.

La actitud infantil tiene relación con la imposibilidad de establecer límites, ya sea respecto a las circunstancias o las personas, y así, de tanto acumular, nos terminamos enfermando. Soportar eternamente insultos de su jefe o malos tratos de parte de sus familiares, no hará que la mujer alcance un bien mayor, por el contrario, solo la hará vivir en deshonra, y un día estallará o su cuerpo se manifestará por medio de una enfermedad. La gente que dice: "A mí no me molesta que esa persona me trate mal, no me importa que diga cualquier cosa de mí"; en realidad, por dentro, está aguantando porque no tiene ningún tipo de límite. Por eso, todo lo malo, todos los caprichos del otro, entran en su vida y terminan afectándola.

Soportar por un bien mayor, en cambio, se trata de algo temporal: se tolera por un determinado tiempo y luego no se acepta más. La persona logra el bien mayor y el trato se termina. En este caso, soportar nos da un beneficio, en el otro, al no poder poner límites, la mujer tolerará eternamente, hasta que el otro no esté o hasta que se enferme. El límite siempre es el cuerpo y la emoción de la persona.

3. Peleamos

Hay otras personas que, frente a alguien insoportable, reaccionan peleando. Una de las características de los jóvenes de hoy en día es que quieren arreglar la violencia, pero ¡con más violencia! Las peleas, los exabruptos, siempre terminan hiriendo tanto a los demás como a uno mismo. Por eso, si no eres una psicópata, después de pelear, te sientes culpable, angustiada.

Cualesquiera de estas tres reacciones frente a una persona que te agota la paciencia siempre genera dentro de ti una raíz de amargura. Y el único fruto que genera ese sentimiento es el del *yo*. Esto quiere decir que, si sembramos dicha raíz —porque nos callamos y no pusimos límites, o porque nos peleamos—, el fruto de nuestro *yo* que recibiremos es más odio, más pelea, más envidias, más celos, más contienda. Todo eso, a la larga, nos enferma. No te conviertas en una repartidora de aflicción.

Entonces, ¿qué deberíamos hacer? Las dos estrategias siguientes, personalmente, me resultaron muy útiles. Tal vez te parezcan simples, pero te aseguro que funcionan:

* ***No te preguntes cuándo va a cambiar el otro. ¡Cambiá tú!*** A veces nos preguntamos cuándo será el día que esa persona insoportable cambie, madure. Pero lo cierto es que tal vez nunca lo haga. Por eso, las que tenemos que cambiar somos nosotras. No esperes a que el otro cambie, ¡cambia tú!

* ***Sal rápido de esa situación.*** Para distanciarnos de una persona que es intolerante y nos provoca todo el tiempo, lo primero que debemos hacer es no aferrarnos a ella. Te das cuenta de que no estás enganchada emocionalmente con una persona cuando ya no piensas en ella ni te afecta lo que haga.

La buena noticia es que todas podemos pasar de la amargura a la dulzura: cualquier relación amarga que tengamos puede transformarse de manera positiva (con excepción de la que mantengamos con un psicópata, de los cuales hay que alejarse, porque no hay dulzura posible o que valga la pena en una situación de este tipo). ¿Cómo se logra? Apagando el alma y encendiendo el espíritu. Cuando actuamos desde nuestro ser más profundo, no desde nuestras emociones, una relación interpersonal donde hay conflicto y que nos causa amargura puede transformarse en algo agradable. Y así recuperaremos la salud que perdimos durante años.

Recuerda esto: hay gente que te debilita, te trae dolores de cabeza, te crispa los nervios y termina enfermándote. Pero hoy puedes tomar la decisión de escuchar tu sabiduría interior y cambiar tu actitud hacia esas personas. El conflicto permanente, las quejas y las murmuraciones le abren una puerta a la enfermedad. Por eso, aunque estés frente a alguien insoportable, no murmures, no te amargues: ¡cambia tu actitud.

Elegir la paz

Muchas veces, para no murmurar, evitamos a cierta persona. Si no nos relacionamos, si no mantenemos contacto, no tendremos motivos para hablar sobre ella. Se trata de tener *contacto cero* con esa persona, así no se activará nuestro deseo de hablar de ella o criticarla, pues no tenemos contenido sobre el cual murmurar. A veces, pensamos que si vemos a alguien, no vamos a hablar de él o ella, pero no siempre es así. En ocasiones, continuamos haciéndolo a sus espaldas. Por ejemplo, en las redes sociales.

Cuando rehuimos a una persona, no la escuchamos, no nos peleamos, pero todo eso que no le decimos luego lo chismeamos, lo comentamos con nuestras amigas, lo escribimos en el muro de Facebook. ¿Por qué? Porque, en realidad, no evitamos nada. Lo que buscamos es esparcir el chisme. Y así, de manera casi imperceptible, vamos repartiendo la raíz de amargura por todos lados. ¿Alguna vez te dieron un trocito de raíz para que cultivaras otra plantica? Eso es lo que hacemos con la raíz de amargura. Todo el que reciba un pedacito va a estar un poquito amargado por esa situación. Esta es la razón por la que, cuando dejamos de murmurar, recuperamos la salud que esa situación o relación conflictiva con esa persona nos quitó.

Ya sea en persona o a través de las redes sociales, cada vez que murmuras, pierdes. Por el contrario, cada vez que hablas bien de una situación o de una persona, ganas. En medio de la presión, cuando alguien te robe la paciencia, lo primero que debes hacer es elegir hablar en positivo, y obtendrás una salud óptima y victoria sobre esa circunstancia. En segundo lugar, cuando te encuentres con esa persona que ya no toleras más —puede ser un familiar, un conocido o alguien a quien tienes que ver todos los días—, en lugar de ampararte en la ley de la murmuración o del chismorreo, colócate bajo la ley del acuerdo. Sin duda, sabes distinguir muy bien cuándo estás chismeándole a otro sobre una situación y cuándo te estás poniendo de acuerdo con alguien desde tu ser interior.

Tal vez pienses: "Pero yo no me puedo poner de acuerdo con esa persona con la que tengo el conflicto porque no entra en razones, es alguien complicado, difícil, insoportable". ¿Conoces a alguien así? Seguramente sí. Hay seres queridos con los que, por mucho que los amemos, es muy difícil pasar tiempo. Por este motivo, no puedes hacer una alianza con ellos. Tampoco puedes ponerte de acuerdo con gente que no comparte tus creencias o con personas con las que no se puede razonar porque no quieren cambiar de opinión, se niegan a modificar su manera de comportarse. Pongamos como ejemplo el caso de un padre que agrede física y verbalmente a toda su familia. Si tiene la certeza de que la violencia es el camino, si esa es su férrea opinión, a la familia no le queda otra alternativa más que alejarse de él.

A veces, nunca llegaré a un acuerdo porque mi creencia es totalmente diferente a la del otro. No me puedo poner de acuerdo con alguien que no comparte mis creencias o con quienes no se puede razonar. Lo que podemos hacer con aquellos con quienes no congeniamos es ponernos de acuerdo en aquellos puntos en los que sí coincidimos. Estar en desacuerdo no significa generar una pelea con el otro, sino que implica tratar de buscar el acuerdo en otros temas para no discutir sobre ese punto en el que estamos en desacuerdo. Es decir, a veces necesitamos levantar un puente que nos una. La gente madura puede estar en desacuerdo sobre ciertos temas, pero reconoce que hay algún punto en el que sí es capaz de concordar con el otro. Esta actitud nos convierte en personas llenas de sabiduría e inteligencia.

Acordar o ponerse de acuerdo no significa desear que el otro desaparezca porque eso sería desear la muerte. Cuando hablamos con alguien maduro a nivel emocional, alguien que no reacciona desde sus emociones, sino desde su sabiduría interior, esa persona nos transmite vida, calma y no opresión, odio ni deseos de rebajar al otro o de hacerle daño. La persona que sigue a su espíritu siempre te hablará con altura, con sensatez, con madurez, con paz.

Mediante la ley del acuerdo, yo convengo contigo en que ambas nos movemos no en lo que sentimos, lo que nos parece o lo que queremos, sino en lo que es mejor en esta situación. En otras palabras, el convenio —que es tácito— no es que "somos amigas y nos ayudamos a enfrentar este tema", sino que hemos decidido no permitir que las circunstancias nos superen ni nos controlen, así que vamos a tomar el timón juntas y conduciremos esta nave a buen puerto.

Es posible ponerse de acuerdo sobre los más diversos asuntos. Por ejemplo, podemos coincidir en que, a pesar de la crisis, nuestras finanzas mejorarán; en que nuestros hijos estarán bien y serán felices aunque hoy estén atravesando serias dificultades; en que ningún conflicto o persona complicada afectará nuestra salud. Debemos convenir siempre en lo bueno para que lo malo no nos destruya.

Resumiendo hasta aquí, en primer lugar, no murmures. Siempre habrá alguien que querrá hacerte hablar mal de tu jefe, de tu compañero, de tu vecino, pero no le respondas. Así evitarás estar acumulando para enfermarte y lograrás que lo amargo se vuelva dulce. En segundo lugar, ponte de acuerdo en lo bueno. No digas: "Acordamos que me devolverá el dinero, que se calmará o que me pedirá perdón" —lo que tú quieres—, llega a un acuerdo, en cambio, de que ocurrirá lo que es mejor para todos. A veces creemos que solo nuestras ideas son correctas, que somos las únicas que tenemos la razón, y nos olvidamos de que esa persona con la que tenemos problemas también tiene sus razones y cree que son las correctas.

Querida mujer, sobre todas las cosas, busca la paz en toda situación. Necesitas convertirte en una *pacificadora*. A veces es preferible elegir la paz a tener razón. Naturalmente, a todos nos encanta tener la razón, pero, en ocasiones, tenemos que elegir la paz, porque estaremos ganando salud y calidad de vida.

Son maravillosas las personas que, en medio de un conflicto, no chismean, no murmuran, no se ponen de un lado o del otro ni dicen que necesitan escuchar las dos campanas para ver quién tiene razón, sino que escogen trabajar por la paz para ellas y para los demás. En este mundo, donde todos desconfiamos de todos, ¡es tan lindo ser capaces de pensar bien de la gente, y guardar nuestro corazón y nuestro pensamiento!

Si quieres disfrutar días felices, refrena tu lengua de hablar mal. No murmures, que tus labios no suelten palabras negativas. No andes contando lo que alguien te hizo. No agrandes los problemas. No mientas. La paz primero tienes que buscarla y, una vez que la hayas encontrado, debes seguirla y no soltarla nunca más. Alguien dijo: "Tener libertad es no estar bajo el cautiverio de nada". Somos libres cuando no estamos cautivos de los malos pensamientos, ni de las broncas hacia el otro, ni de la amargura, ni del rencor, ni de la envidia, ni de la mentira. Todo esto nos esclaviza, y tú y yo somos mujeres libres.

A veces nos atamos a situaciones y personas que terminan haciéndonos daño cuando, en verdad, podríamos elegir desatarnos de esa gente, de esas emociones negativas que guardamos en nuestro interior. Vivamos en libertad y paz. No podemos pelearnos entre nosotros cuando tenemos libertad para amar al otro. Sin importar lo que te hagan o digan, tú puedes amar a los demás y seguir adelante para ir tras tus sueños.

¡Claro que puedes congeniar con esa persona que agota tu paciencia!
Porque no siembras división, sino que elijes la paz,
y entonces lo amargo se vuelve dulce.

Conflicto vs. armonía

Actualmente, somos testigos de demasiados enfrentamientos en las casas, entre padres e hijos, entre hermanos, entre exparejas, entre compañeros de trabajo o de estudio, en la política, en la calle. Mujer, no te involucres en el conflicto, no entres en discusiones en las redes sociales. Hace poco, una jovencita me increpó:

—¡Usted siempre habla de las mujeres! ¿Por qué no habla de los hombres también?

Le respondí:

—Cierto, hablaré también de ese tema.

No entres en discusiones, que ese ánimo de conflicto que hoy está en todos lados no se apodere de ti.

El maestro Jesús dijo: "Bienaventurados [felices] los pacificadores". No dijo que son bienaventurados los que tienen razón, sino los que buscan la paz. A veces hay que permitir que el otro tenga la razón y pensar: "Está bien, tú quédate con la razón, yo permanezco en armonía y me salgo del conflicto".

Buscar la paz siempre nos otorga poder, el poder de disfrutar las cosas buenas que la vida tiene para cada una de nosotras. Podemos ganar una pelea, pero, en lugar de eso, procuremos dedicarnos a buscar la armonía, porque esta nos lleva a ser más productivas, más creativas.

Nuestra forma de ser, nuestras emociones, muchas veces chocan con algunas personas. Precisamente eso es el conflicto. En más de una oportunidad, tenemos ganas de "cantarle las cuarenta" a alguien, de decirle a esa persona que nos provoca, nos maltrata y nos agota la paciencia todo lo que se merece. Imagino que al leer estas líneas estarás asintiendo, ¡a todas nos pasa!

Pero hay momentos en los que debemos retirarnos y nuestro ser interior, nuestra intuición, nos lo va a indicar. Evitar el conflicto es una señal de honor. Los necios siempre inician una pelea. Esto es lo que debemos enseñarles a nuestros hijos desde chicos: somos personas necias o somos gente honorable.

Entonces, ¿cómo hacemos para salir de en medio de una disputa y escoger lo bueno? Necesitamos fortalecernos emocional y espiritualmente porque así nos resultará más sencillo no contestar de manera impulsiva y mantener la paz. Entonces, serás capaz de decir: "Yo podría murmurar o pelear, pero no quiero, porque soy una pacificadora".

Es una idea sencilla, pero a la vez profunda y práctica. Quizá tenemos razón al afirmar que esa persona nos ha herido, pero si queremos llevarnos bien con los demás, tenemos que decidirnos por la vida que hay dentro de todos los seres humanos. El espíritu, el ser interior, trae vida; el alma, que es más superficial, trae muerte y destrucción. Por eso, aunque tengas la razón, ponle vida a la situación y sé cuidadoso en elegir la armonía antes que la discordia. Se necesitan dos para pelear. Esto no implica tolerar el maltrato, sino que te apartes de aquel que quiere que seas parte de un conflicto.

Todos hemos murmurado o plantado en otra persona un pedacito de raíz de amargura en alguna ocasión, pero hoy podemos actuar como mujeres sabias sin importar lo que hagan o digan los demás. Cada día podemos realizar esta elección, y todo lo mejor de la vida y de las relaciones personales vendrá a nosotros.

¿Luchadoras incansables?

Las mujeres no somos luchadoras incansables. Si lo fuéramos, nada ni nadie nos agotaría. Por eso, lo primero que necesitamos admitir es que somos *cansables*, y esta es la razón por la que cierta gente nos debilita. Es muy importante que podamos reconocer que a veces terminamos extenuadas; de lo contrario, estaríamos afirmando que somos omnipotentes, que podemos con todo, que no desmayamos jamás. Y eso no es cierto.

Reconocer que nos fatigamos es fundamental, porque cuando una persona no acepta que se cansa, va a buscar algo en su vida, cualquier cosa, que le permita descansar. Por ejemplo, se enfermará y dirá: "Yo no quiero relajarme, es la enfermedad la que me obliga". Mientras esté enferma, la familia le prestará atención, todos la cuidarán y se preocuparán por su salud, como ella se ha preocupado siempre por los demás. Es importante que podamos reconocer que nos cansamos y que hay situaciones, momentos y personas que nos agotan.

La gente y las circunstancias que nos agotan generan una situación inestable. Sin embargo, alguien dijo que el equilibrio termina matándonos. Esto significa que la vacilación, en realidad, nos impulsa a seguir adelante. Por eso, podemos concluir que, a veces, la inseguridad nos conviene.

Cuando les pregunté a mis seguidores en Facebook qué era lo que los agotaba de las otras personas, me dieron, entre otras, estas respuestas:

"Me agota(n)…
* "la gente que se mete en la vida de los demás"
* "los que viven quejándose"
* "los hipócritas"
* "los 'falsos felices'; es decir, los que en las redes sociales dicen que les va todo bien, pero en verdad tienen una vida desastrosa"
* "los que te dan consejos sin que se los pidas"
* "los que te comparan y te dejan en el lugar de 'prisionero perpetuo' porque aseguran que no cambiarás nunca"
* "las personas negativas que constantemente vienen con malas noticias, como: 'el país está por colapsar', 'no se puede salir adelante', 'te van a echar del trabajo'"
* "los que se victimizan"
* "los 'yoistas', esos que siempre están hablando de sí mismos y sus problemas"
* "los irrespetuosos"
* "la gente a la que le molesta que crea en un futuro mejor"
* "los que solo te buscan cuando te necesitan"
* "los que no asumen sus responsabilidades"
* "las personas que te maltratan sutilmente, pero dicen que ellos nunca le hacen mal a nadie"
* "los irresponsables"
* "las personas que te quieren hacer la vida desgraciada"
* "los que se aprovechan de los demás"
* "la gente prepotente"

En relación con estas declaraciones, es importante que tengamos en cuenta algunas cuestiones. Por un lado, necesitamos recordar que todas esas personas complicadas que te dificultan la vida, te traen problemas, se victimizan y son negativas siempre están respondiendo a un dolor oculto. No es nuestra tarea sanar sus heridas y tampoco nos corresponde soportar la manifestación de ese dolor oculto, pero sí debemos hacer lo que esté a nuestro alcance para ayudarlas. ¿Qué es lo que podemos hacer? Dedicar un tiempo para conocer un poco más a esa persona, sencillamente, porque la gente difícil que nos agota lo que hace, en realidad, con su comportamiento es llamar nuestra atención para que reconozcamos que ella también vale.

Y, por otro lado, también debemos hacer esta reflexión: si una persona siempre nos viene con el mismo problema que nos agobia —por ejemplo, se pone como víctima o se queja—, es porque nosotras también actuamos siempre de la misma manera, respondemos lo mismo, repetimos la escena.

Cómo responderle a quien nos agota

Hay distintas maneras de responderle a una persona que nos agota. Veamos...

1. Cambiar nuestra interpretación de los hechos

Un científico quería saber cómo podía conseguir que las gallinas fueran más productivas y, para eso, llevó a cabo una investigación. Reunió un grupo de gallinas comunes que ponían cierta cantidad de huevos y las dejó juntas durante seis semanas. Luego, escogió a las gallinas que individualmente ponían más huevos que el resto (a las que llamaremos *supergallinas*) y también las colocó juntas por un lapso de seis semanas. Cumplido el tiempo, descubrió que todas las del grupo de gallinas comunes habían puesto más huevos, estaban más gordas y habían mejorado su plumaje. Pero algo diferente había sucedido en el grupo de las supergallinas: excepto tres, todas las demás habían muerto. Las tres sobrevivientes las habían picoteado hasta matarlas.

El biólogo llegó a la conclusión de que las gallinas que individualmente eran productivas —es decir, las supergallinas— solo lograban el éxito suprimiendo la productividad del resto. Para que todos tengamos éxito en un equipo, una comunidad o una familia, no podemos ser como ellas.

Esto significa que, cuando formamos parte de un grupo, no necesitamos saberlo todo. Tenemos que juntarnos con aquellos que tienen la capacidad de dar y recibir ayuda porque esa es la manera en que todos crecemos a la par y tenemos éxito, es decir, alcanzamos nuestros objetivos.

Invirtamos tiempo en conocer a la gente con la que estamos a diario. Una empresa muy conocida hizo un experimento que luego se implementó en muchas otras compañías porque resultó muy beneficioso: en lugar de que una persona les llevara a los empleados el café al escritorio, colocaron una máquina y permitieron que ellos mismos fueran a buscar su bebida. De esta manera, los empleados se encontraban donde estaba la máquina de café y, durante unos minutos, conversaban y se conocían mejor. La empresa creció unos quince millones de dólares al año y la satisfacción de los empleados subió más de un 20 %. Los empleados empezaron a relacionarse, a conocer la vida de sus compañeros. Daban y recibían, se ayudaban mutuamente, lo cual fue beneficioso para todos.

Es importante que conozcamos a las personas con las que compartimos a diario, porque a veces ignoramos que cargan con grandes dolores. No es que nosotras las vayamos a sanar, pero, cuando conocemos un poco su historia, podemos entender mejor cómo debemos actuar frente a ellas.

2. Practicar el principio de autoridad

Cuando tomamos las riendas de nuestra vida y tenemos autoridad sobre ella, nos convertimos en personas mansas. Ahora bien, ¿qué es ser manso? A veces nos imaginamos qué significa ser una persona tranquila, que nunca se enoja, que se deja pisotear por los demás; pero ser manso implica tener mucho poder y mucha autoridad puestos bajo control. Es como el caballo que tiene fuerza, pero está domado. Utiliza la fuerza cuando tiene que correr, no en otro momento.

Si las mujeres queremos tener poder y autoridad, al igual que los hombres, debemos aprender a ser mansas.

Cuando somos mansas, también tendemos a hacer lo que es mejor para nosotras y para otros. Por ejemplo, cuando estás frente a una persona que te agota, tienes libertad para responderle como quieras. Primero conversas con ella, la conoces, y después, libremente, le respondes como te parezca. Puedes ignorarla o insultarla, o decides ser mansa y te dices a ti misma: "Aunque puedo hacer lo que quiera, haré aquello que de verdad es mejor para todos".

Una mujer mansa no es "la tontita", ni "la pobrecita", ni la que se deja insultar y pisotear. Por el contrario, es alguien que posee una gran fuerza interior, pero controlada y dirigida hacia el mayor bien: tú y yo tenemos mucho poder y autoridad —entregados por nuestro Creador—, pero también la capacidad de mantenerlos bajo control.

Mujer, hoy más que nunca hay gente que te agota. Hay gente que te cuenta sus problemas y te pide ayuda y, cuando intentas ofrecerles soluciones, te responden con frases como: "Claro, para ti la vida es fácil. Tú tienes todos los problemas resueltos". ¡Seguramente has recibido una respuesta así! Y es muy probable que te hayan asaltado unos enormes deseos de replicarle.

Es en ese momento en el que pierdes la paciencia cuando tienes que aplicar el principio de autoridad: dejar de lado la contestación que le darías (que, por cierto, no sería nada amable) y ser una persona mansa. Pero ser mansa no implica pensar: "No voy a contestar nada" o "No me importa" porque, como vimos, callar terminaría por enfermarte. Por el contrario, ser mansa es pensar que tienes la posibilidad de ayudarla, pero, si ella rechaza tu ayuda, no debes caer en la actitud de reprochárselo —aunque sea tentador—. Respira profundo y recuerda controlar tu poder y tu autoridad.

Aunque la mansedumbre tenga mala prensa y parezca un rasgo negativo, en realidad, hace que la vida nos resulte más sencilla, porque podemos dejar de estar a la defensiva y sabemos cómo actuar frente a este tipo de gente.

Llenas de mansedumbre y entusiasmo

Cuando te relajas, cambias la postura de tu cuerpo y te calmas. Te llenas de mansedumbre. Quizá parece difícil lograr esto con ciertas personas, pero todos somos capaces de ser mansos y humildes. Tenemos que edificar la persona que queremos ser. ¿Quieres ser siempre la que anda como loca, la que está todo el tiempo nerviosa, la que debe tener la última palabra, la que es astuta? ¿O prefieres ser una persona mansa y humilde, alguien que marque la diferencia?

Es tu decisión, y tu tarea, construir la persona que anhelas ser.

Tienes poder, tienes autoridad, pero están bajo control. Esa persona difícil no robará tu paz ni tu tranquilidad, no te desenfocará, no hará que tus emociones entren en ebullición. En lugar de explotar, vas a controlar tus impulsos y serás capaz de enfrentar la situación con serenidad.

Entonces, busca en tu interior la mejor respuesta. Tal vez sea una respuesta breve —¡cómo nos cuesta a las mujeres dar un consejo breve!— o quizá lo único que debas responder sea un sincero "Te entiendo", "Te comprendo" o "Tienes razón".

Recuerda: a veces *manso* también significa "me dejo ganar" porque, cuando tienes en claro quién eres, y el poder y la autoridad que posees, no te preocupas más por nada y dejas que venzan los demás. Sabes que tienes razón, pero, aun así, te dejas ganar porque sabes que esa derrota significa el triunfo de un bien mayor.

Ser manso y humilde, por sobre todas las cosas, es ser una persona entusiasta. Las mujeres necesitamos irradiar entusiasmo porque este nos impulsa a seguir adelante a pesar de todo lo que nos dicen y de la gente difícil que nos rodea.

Voy a compartir contigo dos anécdotas personales.

Hace algunos años, me decidí y fui a tomar clases de baile. Mis hijas me acompañaron. Recuerdo que miraba los videos de John Travolta y Olivia Newton-John, y pensaba: "Esto de bailar no puede ser muy difícil". Lo cierto es que, durante la clase, cuando todas giraban hacia la derecha, yo lo hacía hacia la izquierda. Necesitaba mirar todo el tiempo a la profesora para analizar cada movimiento y tratar de reproducirlo; tenía que pensar qué brazo se suponía que debía levantar… La verdad es que hice el ridículo, por lo que dije: "¡Nunca más!" y no seguí con las clases. Ahora, debo admitir que no estaba entusiasmada por aprender a bailar, porque si así hubiera sido, hoy sería una brillante bailarina.

Cuando era niña, vino a la Argentina Richard Clayderman, un excelente pianista. En esa oportunidad, les dije a mis padres:

"No quiero fiesta de quince, en lugar de eso, quiero que compren un piano y aprender a tocar". Con mucho esfuerzo, consiguieron comprarme el piano y empecé mis lecciones. ¡Qué esperanzados estaban mamá y papá: su hija sería pianista! Todo ese año tomé clases, pero, tiempo después, terminé vendiendo el piano para comprarme otra cosa. Me faltó entusiasmo en esa oportunidad también. Si tocar el piano realmente me hubiese entusiasmado, hoy estaría tocando con las grandes orquestas.

No dudo que te haya pasado algo similar en determinadas circunstancias. Por ejemplo, ¿por qué no terminaste esa dieta? Quizá porque te faltó entusiasmo. Si te hubieras cuidado, ya estarías en un peso saludable. Hoy estás recogiendo los frutos de esas circunstancias específicas en las que te moviste con entusiasmo y fuiste perseverante. Por ejemplo, trabajaste duro y ahora estás disfrutando de la casa que te compraste o te dispusiste a esperar y hoy compartes tu vida con esa pareja que te ama.

Todo lo tenemos que hacer con entusiasmo, pero sin detenernos a mirar a la gente que está a nuestro costado, a esas personas que nos agobian. Si nos ponemos a analizar cómo vamos a tratar a la gente que está a un lado del camino, a esos que no corren, pero quieren arruinarnos la vida, nos desenfocaremos y no lograremos llegar a la meta. Es cierto, podríamos tomarnos un tiempo para "poner en vereda" a quienes nos agotan; podríamos estresarnos, enojarnos y responder emocionalmente. Pero si hacemos eso, lo único que lograremos es enfermarnos. En algunas ocasiones, podemos decir: "Conoceré un poco más a esta persona difícil, porque tal vez hoy tuvo un mal día. No le voy a solucionar la vida, pero voy a conversar con ella para tratar de entenderla mejor. Tengo poder y autoridad para hablarle con dureza, pero seré mansa y me mantendré bajo control". ¡Sigue corriendo la carrera, no te distraigas, porque hay un premio, una herencia, que nos corresponde a las que elegimos lo mejor para nuestras vidas!

Tips **para llevarte bien con las personas que agotan tu paciencia**

* * *

1. *No pretendas que el otro cambie de actitud.* Toma la iniciativa y cambia tú.

2. *Evita a toda costa engancharte con las provocaciones.*

3. *Sé una pacificadora que busca el acuerdo y la armonía,* y no murmura. Recuerda que la paz otorga poder.

4. *Aprende a desarrollar la mansedumbre.* Ser mansa no significa ser la tonta que se deja maltratar, tampoco la que no contesta nada, sino saber que eres fuerte, y tienes poder y autoridad, pero eliges deliberadamente mantenerlos bajo control. Si es necesario, déjate ganar y dales la razón a esos que te agotan la paciencia. Nadie robará tu paz ni te desenfocará; por lo tanto, tú ganarás.

5. *Tómate un tiempo para conocer a las personas,* sobre todo a aquellas que agotan tu paciencia. Recuerda que toda persona difícil siempre oculta un gran dolor y con su comportamiento intenta llamar nuestra atención para que la reconozcamos como alguien que también tiene valor.

6. *Transfórmate en una mujer que se entusiasma y persevera* sin estar mirando lo que dicen los demás, esos que quieren detenerte y arruinarte la vida. Con sus provocaciones, estas personas buscan desenfocarte para que pierdas de vista tus verdaderos objetivos.

Tiempo de reflexión

Si te evalúas a ti misma, ¿cuál consideras que es tu nivel de mansedumbre y humildad? ¿En qué situaciones o frente a qué personas crees que debes fortalecerte espiritual y emocionalmente para evitar reaccionar de manera impulsiva?

Dijimos que "cuando tienes en claro quién eres, y el poder y la autoridad que posees, no te preocupas más por nada y dejas que te ganen". ¿Verdaderamente sabes quién eres y la autoridad que tienes? ¿Cuáles son tus límites? ¿Qué es lo que te hace llorar o enojar? ¿Qué actitudes te hacen bien y favorecen tus vínculos? Ante una persona complicada, ¿puedes anteponer tu sabiduría interior a tus emociones, puedes "dejarte ganar" y hacer lo que es mejor para todos, o debes trabajar más en estos aspectos de tu carácter?

Piensa en esas personas que consumen toda tu paciencia. ¿Cómo puedes conectar con ellas? ¿Has dedicado un tiempo para conocer más profundamente su corazón? Cuando converses con ellas, observa: ¿de qué hablan? ¿De qué se lamentan? ¿Qué sueñan? ¿Qué les trae alegría? ¿Qué es lo que planean?

Capítulo siete

Cómo actuar con la gente mala

Según la definición del diccionario, una persona mala es alguien que carece de bondad, hace daño y tiene malas costumbres; mientras que la gente buena es aquella con una inclinación natural a la bondad. Ahora bien, ¿nacemos siendo así o nos volvemos malos o buenos con el tiempo? Los filósofos han tratado de responder estas preguntas por siglos; sin embargo, no han logrado ponerse de acuerdo en una respuesta.

Algunos experimentos afirman que los bebés de hasta diez meses, a pesar de que no pueden expresarse, reconocen y eligen siempre las actitudes que les parecen bondadosas. Esto apoyaría la idea de que nacemos siendo buenos. Por el contrario, existen filósofos que aseguran que somos malos por naturaleza.

¿Qué hace que alguien sea malo? ¿Por qué una persona mala arruina la vida del otro? Es un tema interesante y complejo, porque lo malo para mí puede no serlo para ti. Y eso tiene que ver con las experiencias de vida de cada uno. Aunque un pasado negativo o doloroso no nos convierte necesariamente en personas malas.

Tres tipos de personas de las cuales es mejor mantenerse lejos

Muchas veces, las mujeres queremos comprar el amor: damos y damos para que el otro nos mire, nos quiera y se quede con nosotras. Damos como una manera de comprar el amor o de pagar la permanencia de la otra persona en nuestra vida. Todas esas lecturas negativas que haces —"No me mira", "No piensa en mí porque no estoy a su altura", "No me valora porque soy una mala madre", "No me quiere porque no soy linda", etc.— nacen de un registro anterior de rechazo. Alguien, en algún momento de la vida, te rechazó y ahora piensas que la gente que se te acerca también va a hacerlo. Ese *alguien* ciertamente tiene un nombre y es parte de una historia específica, pero ahora vives todos tus vínculos interpersonales como si fueran esa misma experiencia, porque siempre eres menos y el otro siempre es más. Esta es la razón por la que entregas y el otro no te da nada, y no observas a quién dejas entrar a tu vida.

Si bien las relaciones, y todo vínculo interpersonal, pueden presentar dificultades o atravesar distintos períodos de armonía, frustración o distanciamiento, hay ciertos tipos de personas —que pueden pertenecer a nuestro círculo laboral, familiar, relacional, etc.— que verdaderamente nos hacen mal y de quienes debemos alejarnos lo más posible. Analicemos algunas de estas personalidades:

Los manipuladores

Los manipuladores son lobos rapaces vestidos con piel de oveja. Estas personas te imponen cargas que ni ellas pueden cumplir, te obligan a actuar de una determinada manera y, si no haces lo que ellos te dicen, no sirves, no vales nada. "El abuso emocional y la manipulación nunca suceden 'sin querer'. Necesitamos conocer y reconocer claramente el modo de accionar de un hombre manipulador. Fijar parámetros, límites, no permitir la agresión ni la manipulación te permitirá volver a tener el control sobre tu vida".[6]

Los culpógenos

Se trata de personas que te hacen sentir culpable por todo o que siempre te están quitando cosas y nunca te dan nada. Esta es la razón por la que debes alejarte de ellas. Ahora bien, ¿qué implica *alejarse*? Alejarse es hacer que una persona salga de tu mundo emocional. ¿Cómo te alejas de alguien malo si esa persona trabaja o vive contigo? Para lograrlo, es necesario que dejes de prestarle atención. Muchas mujeres se enfocan en esa persona que suele hacerlas sentir culpables; pasan todo el día hablando de ella con sus amigas o buscando en las redes sociales frases desafortunadas que haya dicho. Prohibirle el acceso a tu mundo emocional implica no desenfocarte ni tener contacto de ningún tipo. Cada vez que recuerdes a esa persona o alguien te la mencione, evita que el pensamiento te atrape, haz oídos sordos. De esta manera, le cierras el paso e impides que los sentimientos afloren. Este es un hábito que tendrás que ir adquiriendo con el tiempo.

A veces, especialmente las mujeres, conocemos a alguien que se acerca a nuestra vida para brindar o contratar un servicio —un técnico, un médico, un abogado— y enseguida lo *incorporamos* a nuestro mundo emocional. Nos preguntamos: "¿Lo habré tratado bien?", "¿Se verá mal que no lo llame?", "¿Se habrá ofendido por eso que le dije?", "¿Se enojará conmigo si contrato a otro más barato para que haga el trabajo?" y, en ese mismo instante, introducimos a esa persona en nuestro universo emocional. Al comenzar a hacerte preguntas como las anteriores, empiezas a sentir culpa y angustia.

---

[6] Stamateas, A. (2016). *No me maltrato ni me maltratan.* V&R Editoras.

Cuando comienzas a hacer las cosas pensando en qué va a decir o pensar esa persona, ya forma parte de tu mundo emocional.

Necesitas saber que una persona puede estar en tu ámbito laboral o social, pero no tiene por qué entrar a tu universo emocional. Eso lo decides tú. Si bien nos está prestando un servicio y será bien tratada, no por eso le daremos acceso a nuestro mundo privado.

Los psicópatas

Los psicópatas son personas que trabajan para sí mismas, que no piensan nada más que en sí y en su propia conveniencia. Lo único que quieren es lograr sus metas, sus objetivos, sus sueños personales. Tú no existes. Ni siquiera pueden entender que tengas deseos, porque el único deseo que existe para ellos es el propio. Cuando son generosos es porque están invirtiendo en ti para luego quitarte mucho más de lo que te dieron. ¡Si te pagan un café es porque después tú deberás darles la llave de la cafetería!

Este tipo de individuos no ven en ti una persona, sino un objeto. Para ellos, eres una cosa y no una mujer con sueños, con ideas, con ganas, con capacidad. Les sirves para sus fines o no les sirves y te descartan. Apenas te conocen, aseguran que eres extraordinaria, la mujer ideal; pero, con el paso del tiempo, te empiezan a quitar jerarquía, te desvalorizan y, poco a poco, pasas a ser un desastre, no sirves en absoluto. El psicópata te ve como si fueras un televisor y él un técnico. Empieza a desarmarte, a sacarte las piezas para estudiarte a fondo y así averiguar qué te gusta, qué te da miedo para después manipularte a su antojo. El psicópata *cosifica* al otro, lo considera un objeto descartable. Lo usará mientras le sirva, y luego lo descartará sin remordimiento y sin culpa.[7]

---

[7] Stamateas, B. (2012). *No me maltrates.* Editorial Vergara

Otra cualidad de este tipo de persona es que sus necesidades siempre son desproporcionadas, por eso necesita ocupar el primer lugar y tener poder. Quiere fama y dinero, e incluso su necesidad de sexo es desmedida. Vivir con una persona así es desconcertante. Ser **psicópata** no es una enfermedad, sino una **manera de ser**. Una enfermedad se puede curar, pero cuando se trata de una manera de ser, si la persona no decide cambiar, no lo hará. ¡No hay forma, ni aun con todo tu amor, de que puedas cambiar a un psicópata! Tienes que saber que estos hombres no se sienten culpables ni angustiados porque no poseen empatía.

Apartarse de la maldad

¿Cómo hacemos para alejarnos de alguien que eligió el camino de la maldad, que decidió ser una persona mala? Veamos:

* *Ten sabiduría para relacionarte.* Serás una persona feliz, plena y ganadora cuando no escuches consejos de gente malvada. También debes ser sabia y alejarte de quienes alimentan tu debilidad. Si eres una persona que se involucra en peleas, si reaccionas impulsivamente, apártate de los sujetos conflictivos. Asimismo, no te acerques a las personas criticonas. Rodéate de gente con ganas, con pasión, de personas que logran sus objetivos y están contentas de participar, de hacer.
* *Pon límites emocionales.* No tienes que amar a todo el mundo. No le creas a todos, no tengas paciencia con todos. Hay gente que está en tu mundo laboral o social a la que no le tienes que dar acceso a tu universo emocional. Levanta una cerca alrededor de tu corazón, no vuelvas al lugar del dolor. Construye relaciones con gente buena.

Existen personas que eligieron ser malas y tienen un plan para arruinarle la vida a cualquiera. No se trata de ti, cualquier ser humano es candidato a ser descalificado por ellas todo el tiempo. El individuo con personalidad psicopática daña y no experimenta la culpa, la angustia, la bondad, el bien. Esa es una ventaja para nosotras —que solemos introducir a todos a nuestro mundo emocional— porque, como no experimenta esas emociones, podemos tratarlo como queramos, pues no lo vamos a lastimar nunca. No hay manera de herir los sentimientos de un psicópata, no hay manera de hacerlo sentir mal, de molestarlo o enojarlo. La acción específica que necesitamos realizar es apartarnos de la maldad que ejercen este tipo de personas. Necesitamos tener sabiduría para relacionarnos y establecer límites emocionales.

¿Sabés por qué un sujeto malo se acerca a ti? Porque le extraña ver a una persona que tiene emociones y anhela copiarlas para poder manipularte. No entiende el mundo emocional porque no lo tiene. Ahora, ¿sabes por qué te acercas a él? Porque te atrae el hecho de que no sienta nada, sea frío y siga adelante. Dices: "¿Cómo lo hace? ¡A mí me encantaría no tener que llorar por nada, quisiera no sufrir, no hacerme preguntas! ¡Cómo me gustaría ser así de fría!". Te acercas a esa persona porque también quieres aprender, entonces, se produce el combo perfecto.

Además, muchos psicópatas o narcisistas eligen a alguien porque notan inmediatamente su falta de seguridad. Hay mujeres que, durante toda su vida, se relacionan con personas autoritarias porque son tan inseguras que necesitan ser validadas: se rodearán siempre de gente que les dirija la vida y decida por ellas.

Es fundamental tener presente que, le digas lo que le digas, al psicópata, al malo, no lo vas a ofender ni a molestar. Nunca pienses: "¿Lo habré lastimado?", "¿Se habrá quedado mal?" porque él lo va a detectar y va a interpretar el papel: actuará como si estuviera ofendido, enojado, herido, y te hará sentir que eres la persona que le arruinó la vida. Por todo esto, di lo que quieras sin miedo. ¿Y sabes qué ocurrirá? Irá con su objetivo de destrucción a otro lado, porque lo peor que le puede pasar al psicópata es que le descubras su plan.

No establezcas relaciones emocionales con alguien malo, no le prestes atención, no camines con él, no lo escuches, porque no siente culpa ni angustia ni ninguna otra emoción compasiva. Puedes decirle: "¡Usted es un ladrón!", que no se va a poner a llorar ni se va a sentir culpable porque solo tiene un objetivo que cumplir: destruirte o arrebatarte lo que te pertenece.

Nacida para la libertad

¿Sentiste alguna vez que no merecías el trato que recibiste? ¿Te manipularon con palabras que realmente te hicieron daño? ¿Sentiste que no eras valorada? Es posible que sueñes con ser libre, poder decir lo que piensas, pedir lo que deseas, hacer lo que hasta hoy reprimiste y guardaste en un cajón. Por eso, hoy debes saber que no naciste para vivir tras las rejas, sino para ser libre.

Analicemos el concepto de opresión. *Opresión* es cualquier tentativa de limitar y restringir la realización de tus objetivos, controlando tu mente y tu espíritu. Es sentirte controlada, inhibida y no poder liberar tu potencial ni alcanzar las metas que tienes en tu corazón.

La opresión ahoga todos tus anhelos, todo el potencial que hay en ti, y cuando esto ocurre, tu alma muere. En esa asfixia, se van muriendo las metas, las ganas, los deseos. Poco a poco, dejamos de ser lo que somos para darle lugar a la angustia, a la comparación, a la baja autoestima. Sin embargo, para todo hay solución. ¡Puedes cambiar la historia de tu vida! Si te estás preguntando cómo hacerlo, debes saber que lo primero es cambiar tus pensamientos. La mente es la llave de la vida. De acuerdo con lo que piensas cada mañana al levantarte, así actuarás en la vida.

La libertad es un ejercicio mental que necesitas practicar
a diario. No sigas caminando en círculos.

Cuando cambies tu manera de pensar, el miedo ya no tendrá poder en tu mente. Sabrás que mereces lo mejor porque tienes el derecho de disfrutar de la vida. Es tiempo de nacer de nuevo, de reconstruir tus sueños. En la esclavitud, el otro decide por ti; pero, en la libertad, eres responsable de tu propia vida.

Cambia tus pensamientos, tu manera de pensar,
no dejes pasar tu vida.

Terminar con la gente mala en tu vida no debería ser una opción para ti, sino una obligación. Necesitas saber que la gente va y viene, por eso, tienes que ir tras tus deseos más íntimos. Ninguna mala experiencia puede robarte las expectativas de conectar con quienes realmente valen la pena, con esas personas que se sumarán al camino hacia tus sueños, que le añadirán valor a tu vida.

Tips para llevarte bien con la gente mala

* * *

1. *Escoge a quién dejas entrar a tu vida.* No puedes abrirle tu corazón a cualquiera.
2. *Mantente alejada de personas manipuladoras,* culpógenas, criticonas y rodéate de gente apasionada, sensible, empática, que añade valor a tu vida y saca lo mejor de ti.
3. *Valora tu libertad,* responsabilízate de tu vida y, si hasta ahora has elegido mal, cambia tu manera de pensar. ¡Nunca es tarde para alejarte de las personas malas!

Tiempo de reflexión

Detente a pensar unos instantes: tus amigos, tus vínculos más cercanos, ¿son personas que suman o que restan a tu vida? Y no se trata de que esa gente sea mala, sino de que eso que hace esa persona a ti te afecta, te convierte en una mala persona. El problema no está en el otro, sino en tus decisiones: ¡eres tú misma la que debe tomar la determinación de cuidarse!

Capítulo ocho

De madres e hijos

Muchos hijos rechazan a sus madres. Cuando hablamos de rechazo, nos estamos refiriendo a un vínculo que falló. Tal vez tu hijo se fue de casa —y eso está bien— porque ya es adulto y está completamente distanciado de ti. Algo provocó un alejamiento y sientes que esa relación no funciona como cuando era pequeño. Entonces, aunque deseas reparar ese vínculo, tu hijo no quiere recuperarlo. ¿Por qué? Quizá se sintió defraudado o herido y por eso decidió cortar ese lazo que considera tóxico. Creyó que poniendo distancia entre él y su madre podría resolver el problema. Hay muchos hijos que están lejos de sus padres y casi no tienen conexión con ellos. Dicen que es mejor estar distanciados porque, de esa manera, no están en peligro. Por otro lado, hay madres —y padres— ansiosos por restablecer la comunicación con sus hijos y también con sus nietos, a quienes muchas veces no se les permite ver.

¿Qué debería hacer una mamá cuando su hijo la rechaza? Veamos:

1. Darle garantías

Para que un hijo que se alejó de la mamá por algo que ocurrió quiera volver a relacionarse con ella, lo primero que debe hacer esa mujer es demostrarle que cambió su conducta. Dicho de otro modo, tiene que darle garantías de que no va a volver a suceder aquello que lo llevó a alejarse. Tal vez lo que provocó el distanciamiento fue un asunto económico, una discusión, un problema de comunicación o una mentira. Pero, cualquiera que sea el motivo, ella tiene que generarle confianza en que no va a repetirse.

2. No volver atrás

Esto significa que no debe volver a hablar de los errores cometidos ni a recordar el pasado. No le digas a tu hijo: "Tú me dijiste…" o "Tú hiciste…". Cuando tu hijo regrese y sienta cierta seguridad, demuéstrale que desde ese momento vas a actuar diferente porque deseas reconstruir la relación y no vas a recriminarle nada. La mamá debe modificar su conducta y dejar de actuar como lo venía haciendo. Cuando el hijo la visite, es conveniente que no le haga recriminaciones que lo lleven a revivir todo lo que tanto le desagradó experimentar. Si los padres repetimos los comportamientos del pasado, ese hijo volverá a replegarse. Debemos hacer que se sienta seguro, cómodo. Cuando se encuentren, conversen sin entrar en terrenos conflictivos. Pueden hablar de la historia familiar, de cómo era el hijo cuando pequeño; en definitiva, de cosas positivas que ambos quieran compartir y contribuyan al afianzamiento del vínculo. Evitemos los reproches y la alusión a los errores que cometió: que sea un momento de paz.

3. No cobrar deudas

Otra de las acciones que pueden evitarse es cobrar deudas. Por ejemplo, nunca le digas a un hijo: "Yo te parí", "Me quedé sola por cuidarte a ti" o "¡Me sacrifiqué tanto para darte todo!". Los hijos no quieren sentir culpa y, si insistes en cobrarles deudas, no correrán el riesgo de volver a vivirla.

4. *No meterse en su vida*

A las madres nos encanta entrometernos en la vida de nuestros hijos. Les preguntamos: "¿Qué estás haciendo?", "¿Dónde vas?", "¿Cómo administras tu dinero?". Evita espiar su vida y mantén distancia. Además, opina lo menos posible. Tal vez pienses: "¡Pero es que lo veo mal!"; pues déjame decirte que lo mejor es que no intervengas, porque por alguna razón se distanció. Es lógico que los hijos adultos no quieran que su madre opine sobre todo lo que hacen en sus vidas.

5. *No buscar conmoverlo*

Para que una relación se pueda restaurar, no hay que buscar inquietar al otro con frases como: "Me queda poco tiempo de vida" o "Me voy a morir sin ver a mis nietos". Victimizarse, en ocasiones, produce más alejamiento y empeora el vínculo. Cuando un hijo considera que la relación con su mamá es peligrosa, es muy posible que ni siquiera quiera llevarle a los nietos. Si una mujer llena de culpa opina sobre la vida de su hijo, le recrimina o quiere cobrar deudas del pasado, este no dejará a los nietos expuestos a la misma situación que le hizo daño a él. Así, lamentablemente, se sumarán más personas al conflicto y se verá perjudicado también el vínculo con las próximas generaciones.

Cuando se desea restaurar una relación en la que se produjo un distanciamiento, y existe rechazo y desconfianza, no debe haber un costo. Ese hijo tiene que sentir que, si vuelve a relacionarse con su madre, ella no comenzará otra vez con las actitudes que lo llevaron a alejarse. Necesita estar tranquilo y sentir que el encuentro será placentero y no recibirá reproches. Además, el acercamiento debería ser paulatino. Tal vez tu hijo precise varios meses para volver a vincularse. Quizá no pueda sentir plena confianza en que, si vuelve, no va a suceder lo mismo. No apresures el reencuentro porque, al igual que intentar conmoverlo, apurar al otro también genera más alejamiento. Es posible que digas: "¡Pero si yo cambié!". Puede ser cierto, pero tendrás que demostrar que, efectivamente, vas a actuar diferente, porque alejarse de las antiguas costumbres lleva tiempo. La gente no cambia de un día para otro. Las conductas que adquiriste a lo largo de los años y que ya se transformaron en un hábito no se modifican de un día para otro. Incorporar un nuevo hábito necesita tiempo de crecimiento y madurez para ser capaces de *decirle basta* a aquello que nos daña y enfocarnos en lo que nos hace bien a nosotros y a los demás.

Ahora bien, a veces la mamá no hizo ninguna de las cosas que mencionamos anteriormente —nunca les echó en cara nada a sus hijos ni se entrometió en sus vidas— y, aun así, tiene un hijo que está emocionalmente distanciado de ella y le hace reproches todo el tiempo. Lo que pasa con ese hijo es que su recriminación tal vez disfraza sentimientos muy distintos a los que está dejando ver, frustraciones que no logra expresar. Por ejemplo, siente que, por culpa de su madre —debido a los miedos que ella le transmitió—, no pudo estudiar, tener un buen trabajo o formar pareja. Le reprocha algo que, en realidad, es una frustración suya; pero, como tiene tanto enojo, culpa a su mamá por lo que él no ha hecho.

El problema aquí es que ese hijo no ha podido generar un espacio propio. Su enojo se debe a que no ha sido capaz de independizarse por completo y sigue *enlazado* a mamá —o papá—, sin poder separarse emocionalmente, aunque se haya ido de casa. El espacio propio tiene que ver con sus sueños personales, sus anhelos, con tener metas para su vida, para su futuro. También se relaciona con separarse de los objetivos de sus papás para construir su mundo, sus amistades, su pareja, el sueño de tener una familia, un proyecto laboral o una vida económica independiente.

Lo cierto es que hasta que no genere este espacio, seguirá recriminándole a su madre.

La decisión es tuya: tienes que resolver si la limitación que hoy estás enfrentando —ya sea que tus hijos o tu pareja te rechacen— te paralizará y te dejará sin esperanza o te impulsará a ponerte de pie y actuar para convertir lo imposible en algo posible.

Los hijos necesitan saber que pueden confiar en nosotros y que confiamos en ellos. Si decides ganarte la confianza de tu hijo, a los pocos días de restablecer la comunicación, no le vuelvas a hablar sobre el conflicto que los distanció. Deja ese asunto en el pasado y transmítele confianza.

Mis hijos no dialogan conmigo

Como mamá, deberías preguntarte: "¿Hago espacio en mi vida para mis hijos? ¿Tienen mis hijos un espacio seguro para sentarse a dialogar conmigo?". No me refiero a convertir los encuentros en un ritual, sino a crear un espacio exclusivo donde puedas dedicarles tiempo para dialogar. ¿Qué es dialogar? Dialogar no consiste en interrogar a tu hijo, preguntarle cómo le fue, comprarle cosas ni prepararle la comida que le gusta. *Proveerle* no es *dialogar*. Dialogar es permitirle expresar lo que quiera compartir contigo y que tú le cuentes lo que anhelas decirle. Es decir, generar un espacio donde puedan encontrarse, un espacio que sea único y especial para ambos.

Después de un distanciamiento, muchas veces, los padres cometemos el error de querer discutir con nuestros hijos sobre por qué estuvo mal lo que hicieron, qué no entendieron, en qué nos equivocamos. Lo cierto es que hablar de lo que sucedió no es la forma de reencontrarnos con ellos.

Dialogar es compartir.

Si somos inteligentes, las mamás podremos restaurar el diálogo con nuestros hijos, pero debemos recordar que somos nosotras las que necesitamos tener sabiduría, no ellos. No pienses: "Ya está grandecito... ¡él tiene que venir a hablar conmigo!". Nosotras somos las que tenemos que ejercer la maternidad e ir a buscarlos en lugar de esperar a que vengan. Nunca permitas que tus actividades te absorban de tal manera que no tengas tiempo para generar espacios íntimos donde puedas dialogar con ellos.

Nuestros hijos deben sentirse cómodos con nosotras. Tal vez el tuyo no te habla porque se siente incómodo contigo. A veces, no saben el lugar maravilloso que ocupan en nuestro corazón. ¿Cuánto hace que no le dices lo mucho que lo amas? ¡Abramos más nuestro corazón!

Si vas a reanudar la relación con tu hijo, no hables de lo que sucedió en el pasado. Habla primero de cómo van a seguir adelante y caminar juntos, porque, de este modo, es probable que se sane lo sucedido y luego sean capaces de conversarlo. ¡Cada ocasión en que te encuentres con tu hijo en tu casa tiene que ser una fiesta!

Cuando la relación con un hijo no está funcionando, cuando no nos habla ni responde a nuestros intentos por restaurar el vínculo, podemos emplear ese tiempo de espera para reflexionar sobre cómo contribuimos a que se produjera esa situación. Podemos actuar activa o pasivamente. Cuando guardamos silencio frente a las circunstancias, esperamos y reflexionamos, estamos actuando pasivamente, ¡pero eso también es actuar!

¿Por qué no dialoga contigo? ¿De qué forma contribuiste a que eso ocurriera? Aprende a esperar. No le exijas dialogar ni le digas: "Tenemos que hablar ya mismo. ¡No podemos seguir así!", porque se alejará aún más. La espera siempre pule nuestras intenciones. A veces, cuando ves a tu hijo, todavía estás molesta por lo que pasó y tienes ganas de echarle en cara nuevamente sus errores. Por eso, es preferible esperar, ya que, si no eres movida a misericordia, el problema se agrandará. En el caso de que tu hijo sea adulto, te sugiero posponer la charla para más adelante, porque tocar un tema que fue engorroso puede retrotraerlo a la crisis o al problema que todavía sigue en pie. No nos referimos aquí a un niño, sino a un adulto que ha tenido un disgusto con su madre o su padre.

Sin importar lo que hayan hecho, nuestros hijos siempre nos tienen que mover a misericordia. Y saber esperar indica cuán madura eres, porque eso significa que también sabes cuándo hablar y cuándo callar. Esta es una capacidad que a los padres nos urge adquirir. Restitúyeles la confianza y, como resultado, comenzarán a caminar en paz y lograrán restablecer el diálogo entre ustedes.

Me siento una mala madre

Actualmente, muchas mujeres son jefas de hogar y deben salir a trabajar. En consecuencia, no pueden ir a las fiestas de la escuela, no están presentes cuando los hijos llegan a casa ni pueden llevarlos al médico. Y eso las hace sentir mal. A veces, son los niños los que les dicen que son malas madres y las manipulan al reclamarles que nunca están en casa. Entonces, ellas siempre sienten que les falta hacer algo más por sus hijo y, con el tiempo, terminan sobreprotegiéndolos.

Por otra parte, muchas mujeres no tienen necesidad emocional ni económica de trabajar afuera. Han decidido que les gusta estar en el hogar, sienten que esa es su misión, por lo que se quedan en casa con sus hijos. A pesar de ser una elección propia, en ocasiones, descargan sus frustraciones personales —sueños que no lograron alcanzar, metas que dejaron en el camino, la ausencia de alguien con quien compartir las labores de la casa— con ellos.

¡Es terrible sentirnos culpables! O peor aún, que alguien nos diga que somos malas madres porque no cumplimos con el rol que, supuestamente, como mamás deberíamos asumir. Las madres sabemos muy bien que no es sencillo educar a los hijos en una sociedad tan difícil como la que estamos viviendo, donde las mujeres nos tenemos que mover en diferentes ámbitos. Por eso, comparto algunos *tips* muy valiosos (algunos los puse en práctica yo misma y me dieron resultado, y otros los han aplicado varias personas y también les funcionaron) para educarnos a nosotras mismas y dejar de sentirnos culpables:

1. *Para ser una buena madre, primero tengo que educarme a mí misma*

Ser mamá o papá no es algo estático. No significa que tuviste a tus hijos y, a partir de ese momento, ya sabes qué hacer. Necesitamos aprender todo el tiempo. Una cosa es educar a un bebé y otra muy distinta es instruir a un niño. Una cosa es guiar a un adolescente y otra muy diferente es seguir formando a un hijo adulto. Pero lo más importante es que puedas crecer tú misma; es decir, enfocarte en cómo puedes mejorar como mamá.

Es fundamental que podamos corregir el defecto que tenemos todas las mamás en la educación de nuestros hijos. Por ejemplo, somos *todólogas* —no *podólogas*, sino *todólogas*— porque queremos hacerlo todo: salir a trabajar, tener la casa perfecta, la ropa limpia, los hijos bien atendidos; necesitamos que todo esté bajo nuestro control. Cuando llega el cumpleaños, queremos hacer la fiesta en la escuela —además, por supuesto, de la fiesta en casa con los amigos y la familia—, el pastel, los *souvenirs* y, si es posible, también escribir las invitaciones.

Creemos que eso es ser una madre perfecta. Queremos ir a todas las reuniones de la escuela para evitar que nuestros hijos nos reclamen, queremos salir a trabajar y traer el dinero a casa para poder comprarles los tenis y la ropa que necesitan, queremos que lleguen a casa y tengan la comida preparada para que estén bien alimentados… ¿Por qué actuamos así? Porque deseamos ser reconocidas, que nuestros hijos nos digan: "¡Mamá, eres la mejor!". Anhelamos que todos nos reconozcan como buena madre, porque es una reputación que sigue resultando muy importante.

Pero el reconocimiento de tu maternidad tiene que venir de tu interior. ¿Qué debes hacer para admitir que estás haciendo una buena tarea? Saber que, cada día, estás creciendo; que estás más enfocada en tus objetivos: hacia dónde quieres ir y hacia dónde quieres que vayan tus hijos. Ese es el único reconocimiento que necesitas. No importa si recibes o no las alabanzas de los demás, porque nadie conoce los malabarismos que haces para criar a tus hijos y darles lo mejor. Por eso, mira hacia adentro y pregúntate si lo que estás haciendo te resulta útil y has crecido; si estás guiando bien a tus hijos y estás compartiendo con ellos la madre feliz que deseas ser para así trasmitirles felicidad; o si te estás esforzando por sostener un mundo cada vez más pesado, tanto que sientes que se está derrumbando.

2. Si no sé poner límites, tengo que aprender de los que saben

¿Eres *presionóloga*? ¿Presionas a tus hijos? Para muchas de las que venimos de "la vieja escuela", educar a un hijo implica presionarlo constantemente. Antes, cuando un hijo hacía mal la tarea, se peleaba con el amiguito, le pegaba al hermano o le contestaba de mal modo al papá, era responsabilidad de la mamá presionarlo para que "saliera bueno". "Con sangre, entra", decían. Eso es lo que nos enseñaron, lo que aprendimos, y por eso, muchas de nosotras presionamos a nuestros hijos. Sin embargo, lo que les sirvió a nuestros padres, la manera en la que ellos fueron educados, no tiene por qué ser adecuado para nosotros. Estamos en una época en donde todo lo que sea violencia genera más violencia. *Educar* a un hijo a través de la presión violenta no va a provocar ningún resultado positivo en él. Sí, tenemos que educarlo y debemos hacerlo con autoridad y principios, que no es lo mismo que con autoritarismo. Necesitas saber, querida mujer, que si, cuando corriges a un hijo, cuando le llamas la atención por algo que hizo mal o por un error, lo criticas, lo censuras, lo comparas con el hermano o el amigo, lo maldices usando malas palabras o ejerces violencia contra él, entonces es mejor que no hagas nada. La siguiente es una ley judía que todos los padres deberíamos grabar en nuestro corazón:

Si no sabemos cómo educar a un hijo sin censura,
sin violencia, sin castigo, es mejor no hacer nada.

Para educar, primero tenemos que aprender la mejor manera de hacerlo. Si no sabes ponerle límites a tu hijo porque, cada vez que quieres hacerlo, le gritas, lo golpeas o terminas insultándolo —y después sientes culpa—, lo que debes hacer es aprender. Antes de establecer los límites equivocados, tienes que buscar profesionales, gente que sepa y te ayude, para primero educarte tú. Una vez que hayas investigado y aprendido, recién ahí puedes comenzar a regular las actividades de tu hijo. Los límites son necesarios, pero hay que saber cómo establecerlos para que den resultado y el niño no termine lastimado. Nunca le digas que es un vago, que no le da la cabeza y evita compararlo con sus hermanos o amigos.

Con referencia a este tema, no está de más recordarte que debes construir tu autoridad especialmente cuando tus hijos son pequeños. Pues, si no lo haces en esa época, en la adolescencia te va a resultar mucho más complejo. Construir autoridad significa que les indiques con claridad las conductas que esperas que tengan. A la hora de criarlos, no dejes que decidan todo por su cuenta, ya que en ese momento la prioridad es enseñarles y transmitirles autoridad. Mostrar autoridad implica enseñar desde el respeto, con palabras firmes y amables, recordando siempre que los hijos son personas que tienen fortalezas y debilidades, y su propio destino en la vida. Alguien autoritario, en cambio, corrige con violencia, sin importarle lo que el otro dice, solo lo que él mismo piensa.

Criar a los hijos con autoridad es muy importante porque, cuando ellos crezcan, actuarán conforme a los principios y valores que les hayas inculcado. Cuando les marcas las pautas de manera muy clara, estás trazando el rumbo que seguirán hasta que estén en condiciones de escoger sus propias reglas.

3. Tengo que ser una motivadora

Los padres somos líderes de nuestros hijos y tenemos que encontrar la manera de comunicarnos con ellos. Hay un camino que nunca falla: la *motivación*. ¿Qué significa motivar a nuestros hijos? ¿Es hacer porras y decir: "¡Vamos, vamos, tú puedes! ¡Ya casi lo logras, eres genial, ya falta poco!"? Eso está bien, porque es alentarlos y deberíamos hacerlo constantemente. También es cierto que algunos niños nunca reciben palabras de amor de sus padres, pero *motivar* consiste en buscar qué es lo que apasiona a nuestros hijos, qué cosas estarían haciendo durante horas sin cansarse. ¿Dormir? Vamos a trabajar en eso. ¿Comer? Vamos a trabajar en eso también. La comida no es un mal incentivo si se sabe guiar. ¿Qué es lo que despierta el interés de tu hijo?

La motivación es el motor para generar conductas. A veces, como mamás, queremos que nuestros hijos se comporten de determinada forma sin saber qué es lo que les interesa. Pero si descubrimos qué los impulsa a actuar, a través de eso podremos provocar actitudes positivas en ellos. Esto es valiosísimo y sirve para cualquier tipo de liderazgo. Cuando un hijo no obedece las reglas, a veces se debe a que está aburrido, a que no está haciendo lo que le gusta. Tal vez te preguntes si el tuyo debe hacer aquello que ama o no. Bueno, comencemos por lo que le gusta y, desde ahí, vayamos creando nuevos hábitos.

Aquello que motiva a nuestros hijos tiene el potencial de generar conductas en ellos.

Ahora, motivar no es solo reconocer qué apasiona a nuestros hijos, sino también qué nos apasiona a nosotras. Muchas mamás, después de tener a sus hijos, se olvidaron de ser mujeres. Por eso, te invito a pensar qué es lo que te motiva; qué actividad, diferente de tu trabajo, tu maternidad y el cuidado del hogar, te hace sentir útil. Encuentra la respuesta y, una vez que recibas ese impulso, surgirán ciertas conductas en ti relacionadas con esa motivación. Por ejemplo, si te gusta bailar, aprende y baila. Verás todas las cosas que te ocurrirán a causa de ese baile. Busca qué te motiva en la vida, siempre encontrarás tiempo si realmente tienes pasión por algo. Apasiónate, muévete, porque así crearás hábitos que te ayudarán a ti y a tus hijos. Tal es el poder de la motivación.

La relación madre-hija

La relación entre madres e hijas suele ser verdaderamente complicada. Esto se debe a que es un vínculo entre mujeres que, llegadas a cierta edad, compiten entre sí. Además, este nexo es fundamental porque influye en la relación que luego tendremos con nuestros propios hijos. Las mujeres solemos comparar el lazo que tenemos con nuestra madre y la manera en que ella nos educó, y queremos repetirlos con nuestras hijas. Soy hija y madre de dos hijas, y sé que esta relación, ya sea que estés de un lado o del otro, no es nada sencilla. Es, incluso, más difícil que la relación entre padres e hijas. Esta es la razón por la que las mujeres debemos tener presente que:

Una madre influye en tu vida, pero no la determina, por más que te haya tenido en el vientre, te haya criado y haya dado todo por ti.

Nuestra madre nos influye grandemente, pero las que determinamos nuestra vida somos nosotras mismas. Cuando nacemos, por lo general, es ella la que nos dice cómo somos a través de sus apreciaciones. Mamá determina a quién nos parecemos, qué clase de temperamento tenemos —si lloramos mucho o somos más tranquilas—, o si nos comportamos distinto de un hermano o una hermana mayor. Hace comentarios sobre nuestra vida que, según los profesionales, tienen que ver más con ella misma que con nosotras. De ese modo, va añadiéndonos características suyas, tanto positivas como negativas.

Más adelante, comenzamos a vernos como nuestra mamá nos vio. Por ejemplo, tal vez la mujer se perciba a sí misma como una persona rebelde porque su mamá siempre dijo: "¡Qué rebelde es esta niña!" y ella creyó que, efectivamente, lo era y, por lo tanto, actúa ese personaje. Lo cierto es que esa hija interpreta un rol que no le corresponde, se cree rebelde y, además, piensa que es una característica negativa solo porque su mamá le decía que lo era. No se da cuenta de que puede experimentar una manera de ser distinta a la que le inculcó la mamá. Quizá se vea como la solterona de la familia porque siempre escuchó de su madre: "Esta muchacha se va a quedar aquí para siempre, no va a conseguir pareja… ¡Con el mal carácter que tiene!". Entonces, empezó a pensar que nunca tendría un compañero. Así, esa mujer no se pudo escapar del personaje que su mamá, un día, la puso a interpretar y que ella aceptó e hizo propio. No pudo siquiera considerar que muchas mujeres son felices sin un compañero, que no es necesario tenerlo para vivir plenamente. Vive el no tener pareja como algo negativo, únicamente, por esas palabras tajantes que escuchó de la boca de su madre.

Pero hay un momento en la vida en el que ese personaje se vuelve una carga demasiado pesada. Ser siempre la buena, la rebelde, la que contesta, la maleducada, la loca, la tierna, la que acompaña, la que se divierte y divierte a los demás, la que es muy bien educada o la que le sonríe a todo el mundo no es fácil. Tarde o temprano, llega el momento en el que ese rol pesa. ¿Cuál es el traje que te pusieron de pequeña? ¿Qué es lo que decían de ti? Seguramente, tu mamá fue la primera en decirlo y tu familia lo adoptó como si fuera una verdad sobre ti.

El personaje que te entregaron es el que has actuado toda tu vida y el que, tal vez, sigues interpretando con tus hijos. Pero ese personaje empieza a pesar cuando se vuelve en nuestra contra y la que siempre actuó como una mujer buena y complaciente no sabe cómo lidiar con la gente mala que se encuentra en el camino.

Tenemos el caso de la dadora permanente, por ejemplo, que si debe permanecer en cama y no puede ayudar a sus hijos o acompañar a su pareja, siente que no sirve. O aquella que, cuando los hijos se van de casa, se considera inútil, insignificante, porque ya no puede cuidar de ellos desde ese rol maternal: le cuesta mucho sacarse el traje de cuidadora. Pero llega un momento en el que una se tiene que desprender de ese traje, quitárselo y decir: "¡Fuera de mi vida!".

Lo mismo le ocurre a la que cumple el rol de supermujer o el de la mujer perfecta. Cuando aparece un problema inesperado o comete un error, tiene que sacarse el disfraz y admitir que no puede ayudar a todo el mundo o que es imposible vivir sin cometer nunca un desacierto. La mujer que cumple el rol de omnipotente, por su parte, cuando la vida la pone frente a una situación para la que no se preparó —por ejemplo, le prestó dinero a alguien y esa persona no se lo devolvió—, ahora se tiene que quitar el traje de buena para reclamar lo que le pertenece y eso, por cierto, le dolerá.

Tal vez nos gustaba ser la muchacha buena —el personaje— porque nos beneficiaba en algo, pero luego empezó a causarnos perjuicios. Tal vez, en el camino, nos encontramos con gente mala que, al vernos en el papel de la niña bondadosa y siempre sonriente, terminó lastimándonos.

En algún momento, necesitaremos desprendernos de ese traje sin lastimar a nuestra madre ni a nosotras mismas. Hay dos maneras de hacerlo:

* diciendo
* actuando

En todo tipo de relación, no solamente entre madre e hija, podemos *decir* o podemos *actuar*. Por ejemplo, puedo expresarle a mi madre lo que no quiero volver a escuchar o puedo actuarlo; es decir, mostrarle con ciertas actitudes —como dejar de visitarla— que eso que hace me molesta. Pero, aunque la mayor parte de las veces llevamos a la acción lo que nos incomoda, lo ideal es hablarlo. Podríamos explicarle: "Entiendo lo que te pasa, mamá. Comprendo lo que me dices, pero ya soy adulta. Te pido que no me lo digas más", y así ponerle un límite amoroso. Lo que registramos en la vida es lo que se habla, por eso la palabra es tan importante.

Lo que no se dice, lo que no se habla, se actúa.

Esto significa que, si no hablas, harás algo para separarte cada vez más de ella hasta llegar al extremo de no querer verla más: la visitarás cada vez menos, ya no compartirás tantos almuerzos y cenas. No la enfrentarás, pero actuarás todo aquello que no dijiste y terminarás alejándote.

Actitudes como esta te pueden enfermar. Como no expresaste lo que necesitabas decir, siempre te vas a sentir culpable y, debido al sentimiento de culpa, en algún momento, irás de nuevo a su casa. ¡Y tendrás que soportar una vez más que vuelva a hacerte lo mismo! Dicho de otro modo, cada tanto, volverás a ser castigada por tu madre porque no puedes hablar y actúas manteniéndote alejada de ella.

Lo único que se registra en nuestra vida son las palabras. Esta es la razón por la que aquello que expresamos es tan importante. Tal vez atravesamos situaciones tristes en nuestra infancia, pero, si no las verbalizamos, es como si no las hubiéramos vivido. O quizá, de pequeñas, no experimentamos adversidades, pero, si alguien cercano dijo lo contrario, para nosotras sí ocurrió. Esto se debe a que lo único que registra nuestra mente es lo que hablamos. Por eso, es fundamental expresar lo que sentimos y pensamos; es decir, comunicarnos. Y debemos hacerlo con cualquier persona, no solo con nuestra madre.

¿Cómo es la relación madre-hija en la infancia?

Durante este período, la relación de una madre con su hija debe ser básicamente de límites. Si no se establecieron, hubo descuido y habrá sensación de abandono. La mujer que se siente abandonada por su mamá irá a buscarla, en cualquier lugar o momento de su vida, en otra persona. Los límites tienen que ver con el amor. Una persona que no los tiene es alguien que siente que no es amada. Los límites cuidan. Esta es la razón por la que, en la infancia, los padres decidimos qué se puede hacer y qué no, porque es perjudicial para el hijo. Cuando este internalice el *sí* y el *no*, decidirá por sí mismo. Por lo general, las mamás le tenemos miedo a la palabra *límite*, pero es importante tener presente que, en realidad, se trata del amor que el niño necesita en esa etapa. Siempre que hablamos de una relación madre-hijo, el amor está sobreentendido. Esto, por supuesto, vale para cualquier relación paternal-filial.

Del mismo modo, cuando hablamos de límites nos referimos a la infancia porque es en esta etapa en la que el niño va formándose y en la que los padres imprimimos en la criatura el destino al que queremos dirigirlo para su bien. Los límites nunca se ponen con violencia, sino con amor.

¿Cómo es la relación madre-hija en la adolescencia?

Mientras que, en la infancia, es como si la hija estuviera nadando en una piscina —ella sabe que puede nadar desde aquí hasta allá y nada más, porque hay un límite—, en la adolescencia, la madre tiene que ayudarla a entrar al mar. La hija tiene que salir de la piscina, de los límites seguros, y meterse entre las olas. Eso significa que la madre la animará a entrar hasta donde la jovencita decida; ella la observará desde afuera. Por eso, la adolescente va probando con qué puede y con qué no, qué le sale bien y qué no, en qué es buena y qué necesita practicar todavía. Se alejará un poco de la orilla, pero se volverá a acercar porque necesita estar con su mamá. Luego, se alejará nuevamente porque está segura de su relación con ella y está comprobando lo que es capaz de hacer por sí misma.

¿Cómo es la relación madre-hija en la adultez?

Cuando ambas somos adultas, los límites son para cuidarnos a nosotras mismas. Cuando es la madre la que los pone, se está cuidando ella. Del mismo modo, si es la hija la que establece los límites, lo hace para protegerse.

A medida que vamos creciendo, empezamos a ver qué cosas nos sirven de nuestra madre y cuáles debemos desechar. Eso es madurez. No podemos desechar ni aceptar todo de nuestros padres, ya que ellos tienen su camino y nosotras, el nuestro. Al madurar, nos vamos dando cuenta de que mamá tiene experiencia en algunas cosas, y es muy bueno poder apreciarlo y expresarlo. El conflicto más grande es, como dijimos, no hablar, porque, cuando no hablamos, no valoramos aquello que lo merece y, en cambio, desechamos todo lo que venga de parte de nuestra madre.

Un ejercicio que suelo compartir consiste en confeccionar la biografía de nuestra madre. Si la tenemos viva, debemos preguntarle cómo ha sido su historia de vida, la cual incluirá a sus padres, la educación que recibió, lo que le enseñaron en casa: es decir, cómo le dijeron que sería la vida. También, pídele que te cuente cómo te tuvo: la atmósfera emocional que vivía entonces con tu papá, la situación económica que atravesaban en ese momento y si ellos dos se amaban o no. Es decir, en qué circunstancias viniste al mundo.

Al hacer la biografía de tu mamá, la humanizas. Como siempre digo, ella no es ni hada ni bruja, sino simplemente un ser humano que, con las herramientas que tenía, hizo su vida y, además, nos crio a nosotras.

Humanizarla nos permite entender por qué a veces se enoja o grita, por qué en ocasiones no nos entiende, por qué peleamos. Por eso, querida mujer, querida mamá y querida hija, aprende a hablar y, cuando hables y vayas creciendo en el camino de la vida, te darás cuenta de que, en algunas cuestiones, tu mamá tenía razón y en otras, tal vez, no.

Para concluir, es posible que el vínculo madre-hija sea una de las relaciones de más competencia de poder que existen; sin embargo, todas anhelamos que funcione. La madre es el primer modelo femenino que tiene una hija, por lo que hará todo lo posible para parecerse a su referente. Al mismo tiempo, la mamá quiere poner mucho de su persona en la hija, busca verse a sí misma en la siguiente generación. Ambas se sienten menos poderosas de lo que en verdad son, agrandan el poder de la otra y minimizan el propio. Una hija amplifica el poder de la madre y dice: "Yo no soy tan poderosa como mi mamá, yo no voy a poder hacer esto como mi mamá". Por su parte, la madre agranda el poder de la hija y afirma: "Mi hija es joven, tiene toda su vida por delante. Puede hacer un montón de cosas que yo no hice". Y ahí surge la competencia de poderes. Esto es inherente a todos los seres humanos: la hija quiere ser como su madre y esta anhela dejar una huella en su hija. No obstante, la capacidad que poseemos las mujeres para hablar puede solucionar cualquier conflicto.

¡Hay muchas mamás que están esperando hablar con sus hijas, y hay muchas hijas que anhelan compartir con sus mamás!

Tips para llevarte bien con tus hijos
* * *

1. *Genera espacios especiales e individuales para dialogar* con cada uno de tus hijos. Sé sabia y no hables de lo que hicieron mal. En lugar de eso, comparte, disfruta con ellos, diles cuánto los amas.

2. *Si tu hijo se ha distanciado de ti* porque, a partir de actitudes de tu parte, se sintió dañado o inseguro, lo primero que debes hacer es construir confianza, garantizándole que la situación que los distanció no volverá a repetirse. Para restaurar la relación es imprescindible que dejes de reprocharle sus errores. Asimismo, olvida la victimización, no intentes cobrar viejas deudas ni te entrometas en su vida. Dale tiempo, muéstrale que has cambiado y haz que cada encuentro se convierta en una fiesta.

3. *Si tu hijo se ha alejado de ti por una frustración* propia que no logra expresar y te echa la culpa de algo de lo que, en realidad, él mismo es responsable, ayúdale a separarse emocionalmente de ti, a crear un espacio propio: así podrá tomar las riendas de su vida y responsabilizarse por sus acciones.

4. *Ten presente que a ser mamá se aprende durante toda la vida.* ¡Debes educarte, enfocarte en ver cómo puedes mejorar tu rol de mamá! No busques el reconocimiento de la gente, la única que debe estar satisfecha con tu desempeño eres tú misma.

5. *Si no sabes poner límites sin gritar, insultar o golpear a tus hijos, busca ayuda* profesional. ¡Edúcate para luego poderlos educar!

Tiempo de reflexión

Nuestros hijos necesitan ser motivados constantemente, pues esta es la mejor forma de generar las conductas que esperas de ellos. Sin embargo, para hacerlo, no solo necesitas saber qué les apasiona a ellos, sino qué te apasiona a ti. Reflexiona, encuentra eso que amas hacer y conéctate con esa actividad, así generarás conductas que beneficiarán a toda tu familia.

Considera la relación que tuviste con tu madre. ¿Cómo te veía ella cuando eras niña? Es importante que reflexiones sobre esto porque, muchas veces, las mujeres nos vemos no como en verdad somos, sino como nuestra madre nos vio. Y, tarde o temprano, ese rol comienza a pesarnos. ¡Es tiempo de que te desprendas de ese personaje que aceptaste actuar en la vida —incluso frente a tus hijos— para dar a luz a la mujer que verdaderamente eres!

Capítulo nueve

Cómo me llevo con las personas negativas

¿Alguna vez tuviste a tu alrededor gente negativa? Seguramente, sí. Todos nos encontramos con alguien negativo en nuestro trabajo, en la calle, en el supermercado. Entonces, ¿qué hacemos con los negativos? No puedes dejar de escucharlos porque están ahí y no vas a aislarte del mundo. Por otra parte: "El que no tenga pecado que tire la primera piedra"; es decir, también nosotros muchas veces somos negativos. ¿Expresas frases negativas con frecuencia? Decir que las cosas están mal es, en ocasiones, como un deporte. Otras veces lo hacemos para protegernos, dado que, de alguna manera, pensamos: "Si digo que las cosas me van a ir mal y, efectivamente, me van mal, al menos ya me protegí diciéndolo antes de que ocurriera".

Ahora bien, una cosa es tener ocasionalmente un pensamiento negativo —todos lo hacemos de vez en cuando— y otra muy diferente es exhibir una negatividad permanente, es decir, ser alguien que tiene un espíritu pesimista. Esa persona piensa que vivió tantas situaciones difíciles en su vida que, definitivamente, le volverá a suceder lo mismo porque es algo que se halla en su interior. En el fondo, cree que atrae todo lo malo. Esta idea de que, si piensa mal, nada de lo que le ocurra la sorprenderá es, en realidad, un mecanismo de defensa. No deberíamos decirle nada a quien posee tal espíritu porque no le resultará útil. No desea escuchar algo positivo, sino solo mantener la misma actitud de autodefensa.

Algunas personas son negativas, pero no consigo mismas, sino con los demás. La razón para ello es que sienten envidia y, aunque vivan bien, quisieran tener lo que posee ese otro a quien buscan menoscabar. Muchas mujeres suelen decirles cosas desagradables a sus propias hijas. Por ejemplo, les anuncian que jamás lograrán formar pareja debido al carácter que tienen o que nunca conseguirán un buen empleo porque no han obtenido la preparación adecuada. Aquel que se enfoca en tu vida y señala lo que está mal, en el fondo, te envidia. Debes saber que el pensamiento negativo es contagioso. Si pasas un tiempo considerable cerca de una persona que nunca dice nada bueno, es muy probable que pronto te encuentres actuando de la misma forma.

¿Qué hacemos, entonces, con las personas negativas? Te daré dos *tips*:

* No les sigas la corriente. A los pesimistas no tienes que refutarlos, no debes contestarles nada, porque, cuando les respondes, estás confirmando que eres una persona insegura y que lo que te están diciendo te afecta. A la gente negativa no hay que ofrecerle un contraargumento porque le das la posibilidad de iniciar una conversación que usará para presentarte más argumentos negativos que te terminarán debilitando. ¿Qué debes hacer cuando te dicen algo negativo? Contéstales, simplemente: "Lo tendré en cuenta".

* Cuando una persona negativa te diga algo, primero escúchala y luego, en vez de contestarle, háblate a ti misma. ¿Por qué? Porque cuando tienes un diálogo interior, empiezas a ver cuáles son tus objetivos. Por ejemplo, supongamos que quieres aprender a manejar y tu marido (el negativo) te dice: "Si no sabes manejar ni la lavadora, ¿cómo vas a manejar un

auto?". Tú lo escuchas y le respondes, por lo que él empieza a darte argumentos de por qué no deberías ni siquiera pensar en aprender a manejar. Entonces, evalúas la situación y dices: "Debe tener razón, mejor no lo hago... ¿Y si salgo y choco?". La realidad es que abandonas tus planes no porque el negativo tuvo más argumentos, sino porque tu objetivo era débil y no pudiste defenderlo. Cuando tienes propósitos claros en la vida, sin importar quién opine, seguirás adelante hasta alcanzarlos.

* Cuando un negativo te hable, mira hacia adentro y pregúntate: "¿Es verdad lo que está diciendo?". La protagonista de tu vida eres tú, así que, aunque hablen, a los negativos les falta tu opinión. Si alguien te dice, por ejemplo: "No eres suficientemente capaz", colócate en el rol de protagonista y pregúntate: "¿Es verdad que no soy capaz?". Entonces, internamente, encontrarás respuestas como: "Eso no es cierto. Yo estudié, pude llevar una familia adelante, manejo las finanzas de mi hogar, administro mi negocio... Con lo poco que tenía, hice milagros: terminé los estudios secundarios y hasta ayudé a mis hijos a estudiar. ¡Es mentira que no soy apta para lograr mis sueños!". ¡Reconoce de qué eres capaz! Lamentablemente, hay mujeres que no saben cuáles son sus capacidades y, por eso, cualquier negatividad derriba sus metas.

Romper con la negatividad

Una empresa muy importante a nivel mundial tenía entre su personal mucha gente negativa. Cada vez que los directores planteaban una propuesta, los empleados decían: "Esto no va a andar". ¿Conoces gente así, pesimista, que siempre se opone a todo? Lo que hicieron los directivos de esta empresa con esas personas fue algo verdaderamente creativo; les dieron una oficina especial y les dijeron: "Cada vez que nosotros tengamos un proyecto nuevo, primero lo van a analizar ustedes. Su trabajo consistirá en enumerar todos los contras, todo lo negativo que encuentren en la propuesta. Necesitamos que sean duros, crueles, que no dejen pasar nada incorrecto y nos adviertan por qué podríamos terminar perdiendo dinero. Cuando ustedes concluyan su análisis del proyecto, nosotros lo tomaremos y veremos cómo seguimos adelante". De esta manera, a esa gente que parecía un estorbo en la empresa, la usaron como un trampolín para quedarse con el proyecto limpio y poder trabajar con todo lo bueno, porque, de lo malo, se ocupaba la *oficina de negativos*. Las personas pueden decirte todo lo que consideren desfavorable de cada situación, luego vendrá el momento en que tú te dediques a trabajar con todo lo bueno que ciertamente tienes.

La negatividad te dice que no lo lograrás; sin embargo, tienes que romper con ella, dar el primer paso hacia tu sueño, ensayarlo y convencerte de que tienes todo lo que necesitas para alcanzarlo. Si miras hacia atrás, podrás ver que Dios ya hizo milagros en tu vida y debes saber que los volverá a hacer. Da el primer paso en fe y Él se encargará del segundo.

No escuches a las personas negativas. Es fácil ser pesimista; sin embargo, tú y yo tenemos un corazón de fe.

Hace poco, en un programa de televisión, escuché la historia de un pueblo llamado Campanópolis, en Argentina. Se trata de una aldea de estilo medieval que se encuentra a unas treinta y siete millas de la ciudad de Campana. Campanópolis fue construida sobre una mala noticia. A su constructor le habían detectado cáncer y le dieron solo cinco años de vida. Este hombre —que, por cierto, era muy acaudalado— decidió vender todas sus empresas y dedicar el tiempo que le quedaba de vida a construir su sueño. Sobre un terreno que era un basurero construyó la aldea. Él vivió no cinco, sino veinte años más, porque usó la fe y dijo: "Si me queda este tiempo de vida, no me rodearé de pensamientos negativos, no viviré para la enfermedad, ¡viviré para lograr mi sueño!". Antonio Campana, que ni siquiera era arquitecto, emanó fe y Dios le dio veinte años más de vida. Ahora sus hijos siguen trabajando en la aldea que construyó, porque se ha convertido en un lugar turístico donde incluso se pueden celebrar bodas.

¿Cuál es tu sueño? Debes recordar que lo puedes construir a pesar de las opiniones negativas que te exprese la gente, porque tienes fe y la usarás para actuar, para convertir un basurero en algo maravilloso. ¡Verás tu milagro terminado!

La gente negativa abunda, pero debes recordar que tienes el poder, la capacidad que Dios te ha dado para entrar a un lugar y cambiar el clima, influenciar a las personas para bien.

¡Abre los ojos! Los demás pueden dar sus valoraciones y apreciaciones acerca de ti, pero hasta que no abras tus ojos internos, no sabrás cuáles son tus capacidades. Cuando aprendas a cuidarte y a valorarte, te sentirás confiada para salir a conquistar tu propia vida.

Es cierto, estás viviendo situaciones negativas, estás rodeada de gente que no aporta, que no ayuda, pero debes tener otra perspectiva de la vida. Aunque estés edificando desde el dolor o desde la pobreza, aunque no veas nada claro, sigue construyendo en fe, porque Dios te dará muchos años para disfrutar de tu sueño. Recuerda: ¡los milagros se construyen!

Tips *para llevarte bien con las* personas negativas

* * *

1. *No les respondas ni refutes lo que digan,* no les des un contraargumento, pues solo conseguirás que te debiliten con más razonamientos negativos.

2. *En lugar de hablar con el negativo, ten un diálogo interior* y pregúntate: "¿Es verdad lo que está diciendo?". Nadie te conoce mejor que tú misma. ¡Sabes que eres capaz y esa confianza en tus recursos derribará toda negatividad!

Tiempo de reflexión

Cada vez que sientas que una persona negativa está a punto de contagiarte su negatividad, te invito a hacer este ejercicio: trae a tu mente los recuerdos de todas las ocasiones en que las cosas te salieron bien, alcanzaste tus metas y resolviste los conflictos. Eso alimentará tu esperanza, te fortalecerá y ahuyentará el pesimismo que te rodea.

Capítulo diez

Cómo me llevo conmigo misma

¿Te da miedo estar sola? ¿Te atemoriza pensar en quedarte sola cuando pasen los años y seas mayor? Hay personas que le tienen mucho miedo a la soledad y no se animan a pasar tiempo con ellas mismas. Por esta razón, necesitan el ruido, buscan estar siempre acompañadas y eso les quita el enorme privilegio de sentarse a tomar un cafecito o un té consigo mismas y darse día a día la posibilidad de conocerse.

No es fácil aceptarnos tal cual somos, con nuestras debilidades y fortalezas. Seguramente, hay muchas cosas que hacemos bien y otras tantas que no; sin embargo, con aciertos y errores, esas somos nosotras. Por eso, es importante aprender a reconocernos, a decidir ser felices con nosotras mismas. Si lo logramos, las relaciones que construyamos con los demás serán mucho más saludables, ya que estaremos compartiendo sin depender de que nos den un valor que tenemos por nosotras mismas.

Déjate cuidar

Mientras que, en un extremo, están las mujeres que dependen lastimosamente de alguien que las cuide; en el otro, se encuentran aquellas féminas hiperindependientes que nunca se dejan cuidar.

Estas últimas se reconocen como parte de un todo y saben que hay situaciones de las que pueden responsabilizarse y otras que les corresponden a los demás.

Cuando crees que eres omnipotente, es decir, que puedes hacerlo todo y estar en todos lados, no te dejas cuidar por los demás y tu vida termina estallando. En cambio, cuando te reconoces como parte de una totalidad, aprendes cuáles son tus límites y dejas que se ocupen de ti. No es un acto de debilidad, sino un reconocimiento de que no estás sola y has podido crear vínculos sólidos para que te sostengan en los momentos difíciles.

Pregúntate qué tipo de relaciones construiste en tu vida: ¿de pareja?, ¿de amistad? ¿Tienes gente querida en la que apoyarte?

Ten en cuenta que esos nexos que estableciste con otras personas determinarán cuánto avanzarás en tu vida. Hay mujeres que están solas porque, justamente, no han podido construir una relación con alguien más. Creen que no necesitan de una pareja, de sus hijos o de un amigo porque pueden resolver sus problemas por su cuenta. Como no han sabido construir vínculos sólidos, prefieren la soledad a ser traicionadas.

Actualmente, muchas mujeres están solas por decisión propia y, como es su elección, es la determinación correcta. Pero otras carecen de compañía porque tienen miedo de construir una relación con alguien más. Dicen que no necesitan a nadie, pero, en el fondo, sí anhelan tener un compañero, mantener una relación profunda y tener hijos. Aunque pueden resolver por su cuenta —todas las mujeres tenemos la capacidad de manejarnos solas en la vida— y pese a que les cuesta reconocerlo, sí desean establecer vínculos sólidos. Temen ser traicionadas, por lo cual prefieren poner un muro que las aleje del riego. Se niegan a vivir una experiencia negativa, algo que tal vez ya sufrieron en algún momento, o se lo escucharon narrar a su madre o a una amiga que sufrió un desengaño amoroso.

La pregunta que puedes hacerte es: "¿Soy feliz haciéndolo todo sola?". Si te agrada asumir siempre la responsabilidad, no te quejarás ni tendrás problemas al lidiar con las dificultades que te encuentres. Si, en cambio, no te gusta lo que haces, seguramente vivirás quejándote por todo, porque no eres feliz. Eso es, justamente, lo que necesitas cambiar. Delega algunas de las tareas que realizas en alguien más, dale a esa persona el espacio que necesite para llevarlas a cabo y no interfieras, de lo contrario, el otro nunca será responsable. Si no les brindas a los demás un espacio, siempre establecerás relaciones en las que ocuparás el lugar de una madre extremadamente responsable, mientras que el otro será un hijo irresponsable que no sabe hacer nada sin ti.

Además de verificar que realizarlo todo sola te hace feliz, asegúrate de que eso no afecte tu salud. Si te estás enfermando, si vives con mucho estrés y los nervios te consumen en tu rutina diaria, entonces, quizá sea hora de que hagas un cambio y aprendas a delegar. Recuerda que no eres mejor cuando haces las cosas sola, sino cuando aprendes a compartir con los demás porque te diste cuenta de que eres una parte muy importante del todo.

Aprende a soltar

Las mujeres tendemos a retener. Retenemos líquidos, recuerdos, gente, objetos. ¿Cuántas veces te sobró comida y la guardaste en el refrigerador pensando que, tal vez, al día siguiente podrías mezclarla con algún otro ingrediente y preparar un plato nuevo? ¡A las mujeres no nos gusta botar nada! Hay algunas que guardan cartas de amor de sus novios, cuadernos de la primaria de sus hijos, agendas viejas con números de teléfono de personas con las que hace años no tienen contacto. Decimos: "Lo guardo por las dudas", y así justificamos esa necesidad de retener.

Como verás, hay muchas maneras de retener; por eso, es importante que aprendamos a soltar. Hay mujeres que, dentro de sus carteras, guardan, "por las dudas", hilo y aguja, alguna golosina dulce para comer, galleticas para el bebé, un par de medias o hasta una muda de ropa interior. Lo cierto es que, si no aprendemos a soltar, buscaremos seguridad en fuentes equivocadas.

¿Qué es *soltar*? Significa cerrar cuestiones rápidamente, sin dar demasiadas vueltas. A veces las mujeres le damos muchas vueltas a todo: a las relaciones interpersonales, a los conflictos, a una frase que nos dijeron, a un gesto, y es por eso que tenemos que aprender a desligarnos de esas situaciones. Es necesario que puedas decir: "Me pasó eso, sí, pero ya está. Lo suelto y voy en busca de lo nuevo".

Hemos formado un pensamiento erróneo que debemos dejar ir: creemos que seremos felices si los demás lo son. Sin embargo, puedo asegurarte que serás feliz solo si buscas estar bien. Si tú estás bien, lo más probable es que las personas que te rodean también lo estarán. Recuerda que la gente que verdaderamente te quiere siempre querrá verte satisfecha. No creas que serás feliz si tus hijos están cómodos, si tu pareja está bien, si los demás vienen y encuentran la casa limpia. Eso, definitivamente, no te contentará. ¡Necesitas buscar tu propia felicidad!

> *Soltar implica dejar de aferrarte a las personas como si fueran tu salvavidas.*

Existen mujeres que se aferran a una persona y la idolatran, pero, al poco tiempo, eligen otra y vuelven a idolatrarla y pegársele como una garrapata, y así una y otra vez. Esta clase de mujeres necesitan depender de alguien, precisan encontrar a una persona que sea su fuente de seguridad, dado que muchas de ellas crecieron con inseguridad interna. Seguramente, fueron educadas con mensajes que tenían que ver con la dependencia; por ejemplo, escucharon en su casa que el hombre siempre tenía la última palabra en las cuestiones importantes o vieron que su padre no valoraba las decisiones de su esposa. Crecieron con el concepto de que la opinión de la mujer no es valiosa o vivieron con una pareja que las desvalorizó diciendo frases como: "Sola no lograrás nada", "El dinero se te escapa de las manos" o "¡Qué harías si yo no estuviera!". Comentarios como estos les generaron inseguridad y las llevaron a sentir que precisaban de alguien. Esta es la razón por la que ahora son dependientes. Necesitan una persona que las haga sentir seguras porque desde la infancia se las formó con el concepto de que eran insuficientes. Lo cierto es que las mujeres, al igual que los hombres, tenemos en nuestro interior un potencial para desarrollar capacidades y no estar supeditadas a nadie.

No queremos sentirnos solas, nadie quiere. Somos seres sociales, fuimos hechas para estar en compañía, para disfrutar de los demás, pero esto no debe ser a toda costa, a cualquier precio. No puedes sacrificar tu integridad, tu salud, tus deseos, por tener a alguien a tu lado; no puedes pagar cualquier precio con tal de tener una pareja o a tus hijos contigo; no puedes enfermarte para retener a alguien, porque, en definitiva, la única que se perjudica eres tú.

Estas son algunas preguntas que necesitas hacerte para saber si estás pagando un precio muy alto por retener a una persona a tu lado:

1. *¿Te sientes amada?*

En esa relación de pareja que estableciste, ¿te sientes amada o parece que tienes que exprimir al otro como a una naranja para ver si te da un poquito de amor? ¿Vives con temor a que te abandone? ¿Te sientes querida y valorada, o vives con inseguridad?

Respecto a la relación con tus hijos, ¿tienes que estar mendigándoles un poco de afecto, una llamada telefónica, una palabrita de cariño o un abrazo, o sientes que te entregan su cariño de manera incondicional?

¿Cómo es la relación con tu madre, tu padre, tus amigas y amigos? ¿Te sientes querida y valiosa, o te parece que siempre eres la que debe hacer el esfuerzo, la que obligatoriamente tiene que dar el primer paso para que el otro te responda con afecto?

2. ¿Eres tu propia admiradora?

¿Sabes admirarte, puedes aplaudirte cuando haces las cosas bien o estás esperando que alguien más lo haga? Si no te admiran, ¿te angustias o te amargas? Necesitas poder decirte: "¡Esto me salió bien!" sin esperar que otra persona venga a felicitarte porque cumpliste el objetivo que ella quería que llevaras a cabo. ¡Sé feliz cada vez que logres una meta que tú misma te hayas propuesto alcanzar!

3. ¿Te sientes segura de ti misma?

Cuando una mujer no está segura de sí misma, terminará refugiándose en alguien más y establecerá relaciones con personas autoritarias, porque sus miedos la llevarán a necesitar a alguien que parezca seguro, tan seguro que probablemente terminará siendo un autoritario que la maltratará. ¡Empieza hoy mismo a trabajar en la confianza en ti misma!

4. ¿Estás produciendo algo?

No realices tareas solo para pasar el rato: ¡fuiste llamada a producir! Cuando creas algo útil, todas tus actividades tienen un propósito, un hilo conductor que va a terminar en algo importante e impactante. ¡Produce!

A pesar de que te sientas amada, te admires, te sientas segura y produzcas, existe algo que siempre debes tener presente: habrá momentos en que las personas te abandonarán y te sentirás sola. ¿Alguna vez tuviste que pasar una etapa de tu vida en soledad?

Las mujeres solemos tener aferradas muchas personas a nuestro cordón umbilical. Permitimos que se agarren de él porque le tenemos miedo a la soledad. Muchas veces, proveemos a los demás con el único objetivo de estar acompañadas. De esa forma, nutrimos a nuestras parejas, hijos y amigos con una sonrisa en los labios todo el tiempo. No obstante, debes tener presente que más importante que saber quiénes están aferrados a ti es conocer de qué cordón umbilical estás asida tú.

¿Quién te nutre? ¿Quién te alimenta? ¿Quién te ayuda a vivir? Lo importante no es quién se unió a ti, sino a quién estás unida. Es una misma quien debe preguntarse: "¿Quién me nutre a mí? ¿Quién me alimenta?". ¿Es importante esa persona con la que estoy? ¿Es importante la nutrición que recibo? Yo tengo que saber a quién necesito en ese momento de mi historia de vida para nutrirme; de lo contrario, seré siempre la dadora, y no quien recibe. A todos nos gustaría tener siempre cerca a los seres queridos y amigos con quienes crecimos, pero las cosas no son así: las personas mueren, viajan, se mudan a otro país, cambian de trabajo, se distancian, se enojan. Además, a medida que los años pasan, vamos subiendo nuestras expectativas, cambiamos, y también lo hace la gente que nos rodea. Por eso, es importante reconocer que, en algún momento, te vas a quedar sin esa gente que creías que iba a estar toda la vida a tu lado.

Es importante que te desprendas mentalmente de los que te abandonaron, de ese ex que te dejó, el hijo que se fue, la amiga que te traicionó, porque mientras tu mente esté ocupada con esas personas, no van a poder venir proyectos nuevos que traigan gente diferente a tu vida. ¡Aprende a soltar mentalmente a ciertas personas!

Ten expectativas reales con la gente. Si una persona quiere y puede darte algo, te lo dará y, si no quiere o no puede, no lo hará.

Sé feliz contigo misma

¿Qué es para ti ser feliz? Cada uno de nosotros tiene un concepto diferente de la felicidad, cada uno tiene una opinión, y todas las opiniones son válidas. Personalmente, me siento feliz cuando soy libre. Recuerdo que, cuando era niña, lo único que quería era que llegara el mediodía para salir de la escuela y caminar en libertad las siete cuadras de regreso hasta mi casa. ¿Te pasó alguna vez que empezaste a preparar tus cosas para irte una hora antes de que termine tu horario de trabajo? Muchas personas esperan con ansias el momento de salir de la oficina para sentirse libres. La felicidad, para mí, es vivir en libertad, sentir que nada me ata.

Asimismo, lo que nos esclaviza a cada uno de nosotros es diferente. Tu experiencia puede ser distinta a la mía, pero igualmente válida. Todo aquello que nos domina no nos permite experimentar felicidad y nos trae estrechez, nos achica. Pero tú y yo no estamos en este mundo para achicarnos, sino para extendernos, para ampliarnos, para aumentar. Hay un principio que dice que, cuanto más haces, más esperan de ti. En otras palabras, tú estableces el parámetro de lo que los demás te podrán exigir en la vida.

La infelicidad tiene distintas causas, pero, de todas ellas, la condenación es quizá la más frecuente. La condenación ataca nuestra alegría, nuestra actitud festiva. No hay peor ataque a la libertad y a la felicidad que cuando nos condenamos a nosotros mismos, porque, si otros te condenan, puedes elegir no escucharlos; pero cuando todos los días vienen a tu mente, desde lo más profundo de ti, palabras de condenación por errores que cometiste —o incluso por situaciones de las que no eres responsable—

y no puedes perdonarte, entonces no te permitirás ser feliz, no podrás llevarte bien contigo misma. ¡Necesitas llegar a ser tu mejor compañía!

Tener paz es alcanzar la felicidad. ¿Acaso no te regocija saber que puedes cometer errores en la vida, pero, una vez que te das cuenta, pides perdón y cambias, y ya nadie tiene autorización para condenarte, ni siquiera tú misma? ¡La felicidad está en ti!

Tips para llevarte bien contigomisma

* * *

1. *Acéptate tal cual eres,* con tus debilidades y tus fortalezas: esto te permitirá compartir con la gente sin depender de que el otro te dé un valor que ya tienes.

2. *No te creas omnipotente,* recuerda que tienes límites y ¡déjate cuidar! Permitir que se ocupen de ti no es un acto de debilidad, sino un reconocimiento de que no estás sola y de que has podido cultivar relaciones saludables para que te sostengan en los momentos difíciles.

3. *Aprende a delegar tareas en alguien más.* Si no les brindas a los demás un espacio, siempre establecerás relaciones en las que ocuparás el lugar de *madre hiperresponsable,* mientras que el otro será un *hijo irresponsable,* incapaz de hacer algo sin ti.

4. *Aprende a soltar para no buscar seguridad en fuentes equivocadas.* Cierra las cuestiones con rapidez, no les des vueltas, no retengas, no te aferres a las personas como si fueran un salvavidas.

Tiempo de reflexión

La condenación es la causa más frecuente de la infelicidad, pues ataca nuestra alegría, nuestras ganas de superarnos, nuestra posibilidad de ser libres y exitosas. Te invito a pensar qué errores, qué fallas no te has perdonado todavía. Toma lápiz y papel, y detalla en una lista todas aquellas equivocaciones por las que aún te sientes culpable. Querida mujer, perdónate, porque hasta que no logres hacerlo, no te permitirás ser feliz, no disfrutarás tus triunfos ni podrás llevarte bien contigo misma.

Capítulo once

Ama a tu prójimo como a ti misma

Una mujer complaciente es aquella que a todo le dice que sí, sea bueno para ella o no, porque los demás son prioridad en su vida. Ella queda siempre en último lugar y cree que, dándoles a los otros el primer puesto, tendrá un sentido de vida: atenderlos y desatenderse a sí misma. Una mujer complaciente no puede negarle nada a nadie. Se excluye y no se considera como parte de los privilegiados que pueden ser servidos. Su actitud es de servilismo y se debe a que, de esta manera, se percibe heroica. Si no lo hiciera, sentiría que le están quitando un lugar, un espacio. Por eso, se ubica en ese rol, el cual le brinda un cierto protagonismo, aun cuando sea detrás de la gente. Confunde ser necesitada con ser amada. Piensa que, porque alguien precisa de ella, la ama. No logra comprender el concepto de ser amada sin tener que entregar nada a cambio, sino simplemente porque es digna de ello. Alberga la creencia de que tiene que servir al resto y, al mismo tiempo, se siente en control, pues, al actuar así, domina todo el panorama y consigue un lugar en la vida de los demás, aunque sea siendo servil.

¿Te gustaría que alguna vez alguien te preguntara lo que puede hacer por ti? Te invito a responder el siguiente test con total sinceridad:

* ¿Buscas siempre la aprobación de otros (hijos, pareja, madre, padre, amiga, compañero, jefe) en tu casa o en tu trabajo? Por ejemplo, ¿te pones una determinada ropa y, hasta que tu amiga te dice que te queda bien, no sales de la casa; o tienes un proyecto y, hasta que no logras la aprobación de tu mamá, no comienzas a trabajar en él?

* ¿Crees que, en temas como economía, los otros siempre saben más que tú o pueden dar una opinión mejor que la tuya?

* ¿Crees que al sacrificar tus deseos por cumplir los de otros eres mejor persona? ¿Te pone contenta renunciar a un deseo propio en pos de uno ajeno?

* ¿Buscas el consejo y la aprobación de tu padre o de alguna figura de autoridad en tu vida para tomar decisiones importantes?

* ¿Usas el enojo o el silencio para demostrar tu desagrado?

Si respondiste *sí* al menos a dos de estas preguntas, es posible que seas una mujer complaciente. ¿Qué características tiene una mujer complaciente? Veamos:

* Complace o agrada a todo el mundo para no ser abandonada.

* Se adapta a los gustos de los demás, es muy raro que el otro se ajuste a sus gustos o deseos. Cuando sale de vacaciones o a comer afuera, siempre va a donde la familia quiere ir, no al lugar que ella desearía. A la hora de elegir su guardarropa, siempre escoge lo que la sociedad o la moda le dicen que debe usar.

* Su máximo objetivo es ser querida. Dado que los subproductos de la complacencia son la culpa y la preocupación, la mujer complaciente es una mujer culpógena que vive constantemente preocupada.

* Cuanto más complace a los demás, más exigentes se vuelven y, poco a poco, por mucho que ella se esfuerce, nada les viene bien.

En ocasiones no solo somos complacientes con nuestra familia o con la gente en general, sino también con la sociedad en la que vivimos. Es por esta razón que seguimos al pie de la letra lo que la cultura define que está bien y nos apartamos de lo que condena, e incluso rompemos los límites que nuestro propio cuerpo nos pone.

Querida mujer, te pregunto:

¿Cuántos sueños enterraste en tu vida? ¿Cuántas veces le diste vuelta a la página y abandonaste un proyecto diciendo: "Si no se puede, no se puede?"

Una mujer complaciente es aquella que vive para satisfacer los sueños y deseos de los demás. ¿Por qué? Porque tiene muy pocas expectativas con respecto a sus propios sueños y deseos. Viven pendientes de las necesidades de comida y ropa de su familia, de lo que los demás precisan para transitar el día a día, y nunca de sus propios sueños. Estos, sin darse cuenta, los ha enterrado. Si eres una de ellas ¿cuál es el sueño...?

No está mal pensar en lo que el otro necesita. Está muy bien que consideremos las necesidades de quienes nos rodean, pero cuando lo único que nos preocupa son las necesidades de los demás y nos olvidamos de las propias, ahí estamos siendo complacientes.

Una mujer que todo lo hace en función de su pareja o de sus hijos, que cree que siempre tiene que cubrir las necesidades de los suyos antes que las propias es una mujer complaciente.

Desentierra tus sueños

¿Cómo saber si enterraste un sueño? Es sencillo: lo sepultaste cuando dejaste de pensar en él, cuando el tiempo que empleabas en planificar qué hacer para lograrlo ahora lo usas para otra cosa. Por ejemplo, durante años soñaste con tener "la casa propia", pero, a medida que pasaron los años y tuviste diversas vivencias —algunas no tan buenas—, dejaste de pensar en eso y ahora solo te ocupas de generar el dinero suficiente para pagar todos los gastos fijos que tienes mensualmente. O quizá ya no piensas en terminar tus estudios porque formaste una familia, así que, ¿para qué seguir con la idea de graduarte? Tal vez dejaste de preocuparte por recuperar la salud porque diste con el médico correcto que te recetó un buen analgésico. Ahora, cuando te duele algo, simplemente tomás esa medicación y listo, ¡problema solucionado! Es posible que ya no imagines tener ese puesto de gerente que antes anhelabas tanto porque ahora, en el empleo que tienes, ganas bastante bien. Entonces, ¿para qué perder tiempo en procurar un ascenso, un puesto con más conflictos y responsabilidades? Ya te amoldaste, ya no luchas más. Tampoco aspiras a tener ese restaurante que siempre quisiste o ese albergue para niños abandonados que tanto anhelabas abrir cuando eras niña. ¿Te acuerdas cuando ese sueño ocupaba tus pensamientos todo el día? Pero pasó el tiempo y, como no se concretó porque te dedicaste a cuidar a los demás, decidiste sepultarlo. Alguien dijo que, cuando uno entierra sus sueños, se muere con ellos.

Tú y yo tenemos cuentas pendientes con nosotras mismas, porque esos sueños que hay —o había— en nuestro corazón fueron puestos allí por Dios, nacimos con ellos. Esta es la razón por la que consumen —o consumieron— tanto de nuestro tiempo y nuestras fuerzas cuando tratamos de alcanzarlos. Pero, de pronto, como nunca llegaron, ya ni siquiera nos animamos a soñar otra vez. "Ya pasó, ya es tarde, ya no se puede", pensamos.

¿Tienes sueños enterrados?

Siempre estás a tiempo de desenterrar tus sueños. El único requisito es que cobres fuerzas, sobre todo si sientes que ya no tienes ninguna. Y digo *sientes* porque, aunque creas lo contrario, hay fuerza en ti, se halla en tu interior. Algunos creen que primero deben tener fuerzas y después un proyecto, pero las cosas son justamente al revés: primero nace el proyecto para conquistar y después aparecen las fuerzas que todos llevamos dentro.

Si no tienes vigor es porque enterraste tu proyecto. Por eso, puedes estar segura de que, apenas vuelvas a ese sueño grande que solía desvelarte hace tiempo, las fuerzas surgirán como nunca antes para que seas capaz de alcanzarlo. Mientras haya un monte para conquistar, te mantendrás con la energía necesaria para alcanzar la cumbre. Quizá crees que ya no puedes subir ese monte, que tu cuerpo y tu mente ya no son los de antes, que sin tu pareja o tu familia no puedes. Pero ¿quién te dijo que ese sueño era para antes y no para ahora? No importa qué edad o situación de vida tengas, no importa que estés sola o acompañada, no importa que ahora no tengas dinero o pienses que ya no tienes fortaleza, no importa si tienes el apoyo de tu familia o no: ¡no debes enterrar tus sueños!

No te des más explicaciones de por qué no y empieza
a pensar en términos de sí. Necesitas desenterrar tu sueño y,
más temprano que tarde, lo verás hecho realidad.
¡No te des por vencida!

Tú y solo tú puedes elegir cómo vas a vivir la vida a partir de ahora. ¿Vivirás complaciendo y agradando a los tuyos? Si es así, serás como los demás digan que debes ser y tus sueños seguirán enterrados. ¿O te complacerás a ti misma? Si escoges esta segunda opción, serás tu mejor versión.

Ahora bien, posiblemente te estás preguntando: "Pero en la práctica, ¿cómo recupero ese sueño que dejé atrás?". Si lo enterraste tan profundo que ya no lo recuerdas, busca en tu casa, revisa los cajones, los bolsillos de los abrigos, el álbum de fotos. En algún lado, hallarás algún recordatorio de él. Si bien siempre les aconsejo a las mujeres que no vuelvan atrás, esto es algo diferente. Se trata de retomar algo que quedó inconcluso. Cuando des con tu sueño, dirás: "¡Ah, sí! Recuerdo que a los quince años soñaba con esto, pero después me amoldé a las circunstancias y ese sueño quedó enterrado". Es tiempo de quitarle el polvo a los sueños olvidados y reinventarte. Nadie puede quitarte tus fuerzas, están latentes, pero intactas, en tu interior. Deshazte de las excusas que te diste y toma la decisión de que, a partir de hoy, nada ni nadie te detendrá hasta alcanzar lo que te propongas.

Tips para amar a tu prójimo como a ti misma

* * *

1. *No seas una mujer complaciente,* no pongas las necesidades de los demás por encima de las tuyas. Rompe con los estereotipos: ¡no tienes por qué cumplir con las exigencias de la sociedad!

2. *Eres dueña y protagonista de tu vida:* ¡decide cómo la vivirás a partir de ahora! Desentierra tus sueños, apasiónate otra vez y no permitas que nada ni nadie te impida alcanzar tu objetivo.

Tiempo de reflexión

Nunca es tarde para desenterrar esos proyectos que, años atrás, te emocionaban, te llenaban de ilusión. Cuando desempolves ese sueño, actívate, organízate, piensa una estrategia para llevarlo a cabo. No creas que ya no tienes fuerzas: apenas te conectes con tu sueño, renacerá la energía para conquistarlo.

Antes de despedirme

Sin importar cuál fuera la vida de un ser humano, la antigua mentalidad greco-romana consideraba que estaba prefijada. En el momento del nacimiento de una persona y el día de su boda, se presentaban varios grupos de diosas para hacerle regalos y propiciar la suerte que tendría en su futuro. Entre ellas, estaban las Moiras, tres hermanas inflexibles cuyos nombres eran Cloto, Láquesis y Átropo. Se creía que estas tres deidades se presentaban en grupo para conceder a los mortales, cuando nacían, el ser felices o desgraciados. Ya en el siglo IV a. C., los artistas griegos les hicieron mostrar sus habilidades como hilanderas. La primera hermana aparecía hilando con su huso; la segunda, alisando el hilo con una espátula; y la tercera, portando una caja para guardar los hilos cortados.[8] Estos espíritus tenían a su disposición hebras de oro e hilos negros y rústicos. Los de oro representaban las experiencias bellas que el sujeto en cuestión viviría y los ásperos, los momentos negativos y de crisis. Al nacer el bebé, Cloto seleccionaba los hilos y se los entregaba a Láquesis. Esta observaba al recién nacido y decidía cómo iba a enlazar lo bueno con lo malo. De acuerdo a cómo trenzaba los hilos, la vida de

[8] Elvira Barba, M. A. (2008). *Arte y mito: manual de iconografía clásica.* Madrid: Silex.

la persona resultaba feliz o desdichada. Una vez terminada esta labor, le daba los hilos a Átropo, la hermana mayor, quien decidía cuándo terminaba la vida del individuo al cortar la trenza en el lugar donde quisiera, sin importar la edad ni la situación económica de la persona. La gente de la época creía este mito, razón por la cual pensaba que todo lo que nos ocurre desde el momento en que nacemos está determinado, establecido, y ni siquiera los dioses podían cambiar ese destino.

Lo cierto es que nuestra vida no está determinada por nadie, sino que se va construyendo influenciada por la cultura, las circunstancias, lo que nos enseñaron, lo que escuchamos en el ámbito en que nos movemos, lo que logramos retener, nuestras experiencias personales. La vida es una construcción, y somos nosotros quienes decidimos cómo diagramarla con nuestras reacciones y aprendizajes. De ninguna manera estamos destinados a repetir conductas ni a vivir vidas trágicas. Cada uno de nosotros puede erigir una buena vida, incluso a pesar de los fracasos.

Los frutos caen del árbol por dos motivos: el viento y las lluvias los desprenden antes de tiempo porque están débilmente sujetos a la rama o son muy pesados, o caen porque están maduros. En nuestra existencia, sucede lo mismo: nuestra vida puede terminar porque sentimos que no disponemos de más recursos para resolver las situaciones o consideramos que hemos sufrido demasiado dolor, o puede finalizar cuando estamos maduros. Una vez leí algo que me pareció significativo y decía algo así: Cuando nos hemos vaciado de todas las cosas inútiles y madurado, llegamos al final de nuestra vida con la certeza de haberla recorrido entregando lo mejor de nosotros.

Agradecimientos

A Silvana, por la edición y al equipo, y a la editorial Origen que confió en mí, aun sin conocerme. A Larry, especialmente por ser un hombre amable y poder ver en él lo que escribo en este libro. Un hombre de paz. A la familia que Dios me regaló, donde a diario ponemos en práctica "Yo no peleo, Tú no peleas".

Bibliografía

Burns, D. (2005). *Sentirse bien: una nueva terapia contra las depresiones*. Barcelona: Paidós.

Kaplan, P. J. (1990). *No culpes a mamá*. Buenos Aires: Vergara.

Mercadé, A. (2007). *Dirigir en femenino*. Barcelona: Gestión 2000.

Meyrialle, C. (2016). *La pareja en crisis*. Buenos Aires: Vinciguerra.

Nolen-Hoeksema, S. (2012). *El poder de las mujeres*. Barcelona: Paidós.

Roberts, W. (2003). *Tiranos, víctimas e indiferentes*. Barcelona: Urano.

Roca, E. (2003). *Cómo mejorar tus habilidades sociales*. Valencia: Ediciones ACDE.

Stamateas, A. (2014). *Mis hijos me vuelven loca*. Buenos Aires: Ediciones V& R Editoras.

Stamateas, A. (2016). *No me maltrato, ni me maltratan*. Buenos Aires: Ediciones V& R Editoras.

Stamateas, A. (2018). *Sé que puedo más*. Buenos Aires: Ediciones V& R Editoras.

Stamateas, B. (2009). *Emociones tóxicas*. Buenos Aires: Ediciones Vergara.

Stamateas, B. (2012). *No me maltrates*. Buenos Aires: Editorial Vergara.

Wiemann, M. (2009). *Te amo/Te odio: armonizar las relaciones personales*. Girona: Aresta.

Sobre la autora

Alejandra Stamateas nació en Argentina y es pastora del Ministerio Presencia de Dios en Buenos Aires, así como docente, autora *bestseller*, columnista, conductora y destacada conferencista internacional. Licenciada en Ministerios Teológicos por el SITB (Seminario Internacional Teológico Bautista), su objetivo como autora y conferencista es ayudar a cada mujer a descubrir y desarrollar todo su potencial para alcanzar el éxito en cada área de su vida. Alejandra reside en Buenos Aires junto a su esposo, el doctor Bernardo Stamateas, y sus dos hijas.

Printed in the United States
by Baker & Taylor Publisher Services